JN083922

スウェーデンのスーパー肥満研究者がたどり着いた

減量の正解

THE END OF DIETING

エリック・ヘミングソン

下倉亮一【訳】

サンマーク出版

Copyright © Erik Hemmingsson, 2018
First published by Bonnier Fakta, Stockholm, Sweden
Original title: Slutbantat
Published in the Japanese language by arrangement with Bonnier Rights,
Stockholm, Sweden and Tuttle-Mori Agency, Inc., Tokyo.

体重と戦いつづけているあなたに――新たなダイエットの知識とともに

はじめに　減量は「意思の強さ」と無関係

あなたはこれまでに何度ダイエットに挑戦しただろう？

ダイエットの計画を立て、食事を制限し、トレーニングジムに入会し、トレーニングウェアを新調し、今度こそはと何度誓ったことだろう？

食事を減らし、運動を増やし、運よくダイエットがうまくいったこともあるかもしれない。だが、徐々に効果は消え、それとともにダイエット成功の喜びも薄れてくる。そして体重が元に戻りはじめ、たいていはもとの木阿弥となってしまう。

本書はそんな経験のある人に向けて書いたものだ。

「肥満は個人の責任」という話を耳にしたことはないだろうか？

ダイエットの失敗は意思の弱さに原因があると言われがちだが、大きな誤解だ。**体重の増減にはさまざまな要因が重なっていて、その多くは意思とは無関係である。**

そこには個人差もあり、それが長期間の減量維持をはばんでいる。しかし、あきらめてはいけない。体の働きを理解すれば、目標を達成するのはむずかしいことではない。

体重は勝手に「調整」される

世の中には、太りやすい人もいれば、いくら食べても死ぬまで糸のように細い人もいる。

私はよく、ある肥満男性のことを思い出す。ストックホルムにある老舗《しにせ》ベーカリー、トッセバーゲリエットといえば、スウェーデンで人気のクリームが詰まったケーキ「セムラ」で有名だが、彼はその店の前を散歩するだけで2キロは体重が増えたと話していた。

もちろん冗談まじりの皮肉だが、彼の言葉には重要なことが隠されている。**私たちはみな違った環境下で生を享《う》け、体重の増え方も人それぞれ異なる**ということだ。

かつて、体重を簡単に増やせる人は進化論的には勝者だった。だがそんな言葉は、現代では気休めの言い訳にすぎないだろう。

水分バランスや呼吸、体温を調節するように、**人の体は体重をコントロールする**。しかし、これは必ずしも遺伝学的・生物学的のみの問題ではなく、ほかの要因も遺伝子と一緒になって体重に影響を及ぼすことを意味している。

こうした要因には、食事の内容や運動習慣のように、自分の意思でコントロールできるもののあれば、意思の及ばないもののもある。とくに**幼児期の経験は、数十年後の現在の体の働きを左右する大きな影響力をもつ。**

太りやすい人はダイエットにとりつかれやすい。やせている自分になること、禁欲的な生活をしてまで次々と新しいダイエットに励むことは、はたしてそれほど重要なのだろうか。

たしかに体重は健康状態に影響を及ぼす。だが、ダイエットに夢中になる理由は健康だけではないだろう。ある調査によれば、肥満の人は腕1本、脚1本を犠牲にしてでもやせたいと願っているという。そして、私たちは理想の美としてのスリムさについて、マスメディアから爆撃のごとく情報を浴びせられており、とくに子どもや若者たちが受ける影響は計りしれない。彼らにとって、引き締まった体型は幸福と成功に続く道であり、そのためなら金に糸目をつけない。

はたしてこれは正しいことだろうか？

「食事制限」はうまくいかない

本書では、人間の体と代謝の仕組みを解明し、食事制限によるダイエットが失敗する運命にある理由と、脂肪をコントロールする体の仕組みについて明らかにする。

さまざまな戦略や具体的なヒントについても紹介する。それによって、あなたはただやせる以上にずっと大切な道を見出すことになるだろう。

まずは肥満が生まれる原因について正しく理解することが肝心だ。本書の中心的な課題は肥満の原因を究明することであり、それはたんに「カロリーの話」にとどまらない。

肥満の重要な原因のひとつに、幼児期の過ごし方がある。肥満をパズルにたとえるなら、これはとても重要なのに、レーダーをかいくぐるように認識されないピースだ。たとえば、**穏やかで愛情に恵まれた家庭で育ったか、それとも騒々しい環境で愛情に恵まれず育ったかといったことは、肥満に大きくかかわる。**

理想の体重を手に入れるには、体の仕組みと、体重を維持するのに必要な知識を理解しなければならない。これまでの伝統的なダイエット方法は、ひたすら死に物狂いに減量に励むだけだった。

人は「疲れ」「ストレス」で食べる

ライフスタイルも、もちろんダイエットにおいて大きな役割をはたす。とくに食事、つまりあなたが食べるもの、その食べ方、そして食べるという行為そのものは、減量に大きくかかわる。

食欲や満腹感、空腹感といった軽視しがちな体のシグナルを理解することも大切だ。**「スーパージャンクフード」**と呼ばれる現代の食品にはおおいに問題がある。こうした食品は高カロリーだが栄養に乏しく、砂糖と油と塩分が味つけに使われる。

たとえば、〈ヨーテボリ〉［スウェーデンの菓子メーカー］のビスケット「バレリーナ」を買ったことがある人なら、買えば買うほどまたほしくなり、食べるほどに空腹を感じた覚えがあるだろう。とくに疲れやストレスを感じたときに、食べるのをやめられなくなった経験があるはずだ。

そうしたときこそ、本書に書かれていることを思い出してほしい。


本書を執筆するきっかけになったのは、体重の問題を総合的にとらえた情報がきわめて少ないという現状だ。体重の問題を心理的な側面からとらえ、体と心、とくに体とストレスとの関係を明らかにするのが目的である。実際、**体重に関するきわめて重要でエキサイティングな謎が隠されているのは、まさに体と心の関係を研究するこの分野**なのである。

ダイエットにかける時間とペースはあなた次第だ。あなたの想像以上に、体重は簡単かつすばやく減るだろう。しかも、**そのための食事制限は一切不要**だ。

私は研究者の責務として、誰もが容易に新しい知識を得られるよう配慮しなければならない。本書が肥満問題解決の一助となれば幸いだ。

エリック・ヘミングソン

減量の正解■目次

はじめに　減量は「意思の強さ」と無関係

体重は勝手に「調整」される——3
「食事制限」はうまくいかない——4
人は「疲れ」「ストレス」で食べる——5

1章　なぜダイエットは「失敗」する？
脂肪は人類の友である

ほとんどのダイエットに「問題」がある——20
「食べずにやせる」はベストじゃない——21
「カロリー」だけの問題ではない——22
みんな「キープ」ができない——23
「グラフ」にするから原因がぼんやりする——25
「考え方」と「戦略」を変える——26

あらゆるダイエットが「リバウンド」した —— 27
体は「セットポイント」に戻ろうとする——人体に備わった抵抗力 —— 29
抵抗力① 代謝が「低下」する —— 29
■想像以上に「長時間」続く —— 31
■ダイエット番組に「再出演」できない成功者たち —— 32
抵抗力② 「満腹感」がなくなる —— 34
■「空腹」はしばらくしておさまる —— 36
■「満腹になりにくい食べ物」が食べたくなる —— 38
抵抗力③ 「脂肪細胞」は減らないが増える —— 40
抵抗力④ やせない「習慣」の完成 —— 41
■問題は「やせてから」起きる —— 42
間違って「筋肉」が減ってしまう —— 43
「ストイック」にやるよりもっといい方法 —— 45
Column 空腹ホルモン「グレリン」35／満腹ホルモン「レプチン」37

2章

肥満には「種類」がある

無害な肥満・やっかいな肥満・解消しにくい肥満

脂肪は「生命」である —— 49

体は「蓄える」構造になっている —— 50

悪い脂肪かどうかは「ついた場所」次第 —— 52

■「胴囲」はこう測る —— 53

■ＢＭＩが「標準」でも気をつけて！ —— 54

■「ストレス」で腰回りの脂肪がたっぷりに —— 54

「生まれたときの体重」が一生影響する —— 55

脂肪細胞の数は「幼児期」に決まる —— 56

生きているかぎり「減量」はむずかしい —— 58

「いつ太ったか」でやせやすさが変わる —— 59

健康な肥満、不健康な標準体重 —— 62

腹部の肥満は「炎症」になる —— 64

3章

体重は「セットポイント」に戻る

100万キロカロリー食べても体重は一定

人体には「Bプラン」がある —— 67
「代謝」が変わって体重は戻る —— 69
体重はときどき「飛躍的」に増える —— 70
「転職」で脂肪が溜まる——原因は「意外」なもの —— 72
小さな「悪影響」が次々と続く —— 74
ダイエットで「セットポイント」が上がる —— 79
「自然にやせる」がいちばんいい —— 81
Column ストレスで体は「貯蔵モード」に 76／細胞に糖を入れる「インスリン」 86

4章

「根本」を解決する

減量&ノーリバウンドの正解

問題の「蛇口」を閉める —— 89
「自分」で解決する —— 90

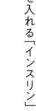

従来の説明では「無理」がある —— 93
体は「遺伝」する —— 95
母親のストレスで「胎児の体重」が変わる —— 96
肥満研究者が出した結論 —— 98
愛情不足で育つと肥満リスク10倍に —— 100
あなたには「圧力」がかかっている —— 101
「脳」や「末梢神経」に影響が及ぶ —— 103
「ジャンクフード」は人を安心させる —— 105
自分を守るために「お腹」に脂肪がつく —— 106
砂糖を食べると「もっと」食べたくなる —— 107
少しのジャンクで「依存レベル」になる —— 109
スーパージャンクフードは「中毒物質」である —— 112
「化学物質」を食べている —— 114
肥満研究者がストレスで「チョコ」を注文した —— 116
安くておいしくて、危険な食べ物 —— 117
ファストフード消費量が「400%」アップした —— 119
「ジャンクなお弁当」で運動しに行く子 —— 121
よく眠って「回復」する —— 122

運動は「たまにたくさん」より「毎日ちょっと」―― 123
「甘いもの」を食べずに済む ―― 125
肥満は「氷山」のようにできる ―― 127
何十年かけて徐々に太る ―― 128
生まれる「前」から始まっている ―― 132
ジャンクフードは「満腹感」がない ―― 134
Column 甘いものが食べたくなるホルモン「コルチゾール」92／「たくさん食べられる人」に肥満が少ない 110

5章

「サイン」をしっかりつかむ

「シグナル」に敏感になる

肥満・ガンのきっかけは「大昔」にあるかもしれない ―― 137
噛まないと「満腹ホルモン」が出ない ―― 140
「満腹」なら食べないほうが絶対いい ―― 141
「ステータス」が体型に影響する ―― 142
他人との間に「明確な線」を引く ―― 146

「どんな人といるか」の絶大な影響 —— 148
「思考」が体に作用する —— 150
「いい感情」をもつ —— 151
「散歩」から始める —— 154
「自尊心」を高くもつ —— 156
Column 脳をごほうびで操る「依存食品」 144 ／きちんと「回復」する 152

6章

「重圧」をはね返す
あなたを太らせる見えない存在

あなたを壊す「雰囲気」が蔓延している —— 160
肥満で「職」が取り上げられる —— 161
人は「恐怖」で過食する —— 163
「モデルの体型」はフィクションである —— 165
肥満は「書類選考」で落とされやすい —— 167
私たちは「イメージ」に支配されている —— 168

「階段」をのぼって解決できない —— 170
常に姿勢を「前向き」にする —— 171
Column 親である人に伝えたいこと 172

7章

「スーパージャンクフード」はものすごく悪い

「工業製品」を食べるようなもの

「シンプル」に考えて食べる —— 176
「炭水化物」を避けてはいけない —— 178
オレンジジュースは「オレンジ」ではない —— 179
「常識」はコロコロ変わる —— 181
食べ物が「工業生産」されている —— 182
「ビタミン」が押し出される —— 184
超加工食品の消費量が「爆増」している —— 187
体は「液状のカロリー」に気づきにくい —— 190

人工食品は「神経」を刺激する —— 191
「砂糖」も「塩」も摂りすぎ —— 193
炎症を起こす「脂肪酸」がたっぷり —— 194
手軽な食事で「腸内フローラ」が乱れる —— 196
「どうにでもなれ効果」でどうでもよくなる —— 198
空腹時に「満腹」になるまで食べる —— 200
具体的なヒント —— 201
■もっと「家庭」で —— 201
■「一緒」に食べる —— 202
■「目立つパッケージ」を怪しむ —— 202
■「成分表示」を読む —— 202
「よい食材」を使う —— 203
■「常温」で保管するもの —— 203
■「冷蔵庫」に入れるもの —— 204
■「冷凍庫」に入れるもの —— 205
Column カネと政治としてのジャンクフード 206

8章

「リバウンド」をなくす
必要な9つのポイント

ポイント① 「体重」をとらえ直す —— 213
■体を「いたわる」感覚で —— 214
ポイント② 自分の「過去」を調べる —— 215
■「子どもの頃」を思い出す —— 216
■運動は「少しずつ」始める —— 217
ポイント③ 「覚悟」を決める —— 218
■「今、この瞬間」に決断する —— 218
ポイント④ 「長期間」取り組めるやり方で —— 220
■「モチベーション」に頼ると失敗する —— 220
■ダイエットは「心理学」である —— 221
■「自然なもの」を食べる —— 222
■ジャンクを「少し」でやめる —— 223
■「時間」をかけて食べる —— 224
ポイント⑤ 「レジリエンス」を養う —— 225
ポイント⑥ 「切り詰める」以外の方法で —— 227

■楽しむ「余裕」をもつ —— 227
ポイント⑦「運動」は世界最高の気晴らし —— 229
■一日「30分」でいい —— 229
■「運動していない人」は効果が出やすい —— 230
■空腹がまぎれる —— 232
ポイント⑧「エネルギーをくれるもの」で自分を満たす —— 233
ポイント⑨自分の「セットポイント」を決める —— 235
■体重減少は「ボーナス」のようなもの —— 236
おわりに —— 238
謝辞 —— 243
出典 —— 255

［ ］は訳注を表す。

装丁　井上新八
本文デザイン・DTP　松好那名（matt's work）
翻訳協力　株式会社リベル
編集協力　株式会社鷗来堂
編集　梅田直希（サンマーク出版）

1章 なぜダイエットは「失敗」する?

脂肪は人類の友である

体重を減らすことは、食事制限を数週間続ければできるほど簡単な話ではない。ダイエット経験者なら誰しもそのことを知っているだろう。

本書で示すように、体は体重が減ることに執拗に抵抗し、脂肪細胞に蓄えられた高カロリー成分を放出するのを嫌う。ダイエットの失敗は、けっして個人の性格が原因ではない。体の働きを理解できれば、より効果的なダイエットへの扉が開くはずだ。

私たち人間には、特殊な能力が備わっている。胎児のとき、母親の子宮は脂肪を蓄えるのに最高の環境だった。事実、生まれたばかりの人間の脂肪量は、哺乳動物のなかでトップクラスだ。

つまり、**脂肪を蓄えることにおいては、人間は生理学的に優等生なのである。**脂肪は大きなエネルギー源になり、とくに乳幼児にとっては生命維持の手段としてたいへんすぐれている。また、体温を維持し、重要な内臓器官を外部の衝撃から守るのも脂肪の働きである。

さらに、大量のエネルギーを消費する脳にエネルギーを供給するのも脂肪だ。脂肪があまりに少ないと、繁殖力の低下やホルモンバランスの悪化を引き起こす可能性もある。

つまり、**体が減量に抵抗するのは当然のこと**なのだ。

ほとんどのダイエットに「問題」がある

多くの人にとってダイエットの目的は、やせることにある。ダイエットしたいと思う人は、体の内側もしくは外側に不満があるからやせたいと願っている。

しかし、**ダイエットのほとんどはその場しのぎのもので、計画性に欠けている。**

一般的に「ダイエット」といえば、食欲に抵抗して食事を制限することを意味する。おなかいっぱい食べることをやめるというのは、自分の体の欲求に背くことを意味し、つらい空腹感に苦しむことになる。

食事を制限し運動量を増やすと、体は脂肪細胞からエネルギーを補給し、脂肪細胞の中身が空になると体重は減少する――これが一般的なダイエットの考え方だ。

ダイエットにはさまざまな方法があるが、なかでも食事制限によるダイエットはもっとも一般的だろう。その特徴はシンプルかつ科学的だ。ゆえに、「食べる量を減らして運動量を増やす」手法は、唯一効果のあるダイエット法と考えられてきた。

食事制限の苦しみに数か月間耐えれば、やがてその制限にも慣れるだろう、と。

「食べずにやせる」はベストじゃない

しかし、**食事制限が必ずしも最良の方法というわけではない**。

食事制限でダイエットに取り組んでいる人はスウェーデンだけでも数百万人にのぼると考えられるが、何年にもわたって減量と戦っている多くの人にとって、なんとも憂鬱なダイエット方法だ。


そもそも、減量することとダイエットをすることは、ほぼ同じ意味で使われるが、本当にそれでいいのだろうか？

ＬＣＨＦダイエット［低炭水化物・高脂肪食を中心にとる方法］や５：２ダイエット［週に２日、摂取カロリーを減らす方法］、パレオダイエット［原始人の食生活を取り入れる方法］といった炭水化物の摂取量を制限するダイエット方法が示すように、食事制限のいちばんの目的は体重を減らすことだ。ダイエットは継続しなければ効果はなく、途中でさぼったりやめたりするとリバウンドしてしまう。

しかし単純な食事制限に比べて、「本当に効果のあるダイエット」には重要なポイントがある。**十分な満腹感を得ることができれば、高GI食品〔食後、血糖値の上昇度が大きい食品〕のような減量をはばむ特定の食品の摂取を控えることが可能**なのだ。

好きなものを自由に食べるのを、我慢する必要はない。多くの人はダイエットをするとき、「なぜ減量するのか」という具体的な目的をもっておらず、また健康への配慮も欠けている。これは本来の「ダイエット」とはいえない。食習慣を変えれば、体重が減ることもある。だが、それだけでは本来のダイエットとはいえないのだ。

まずはカロリーについて正しく学び、ダイエットが成功しない理由を理解することが重要だ。こうした知識が、効果的な（そして楽しい）ダイエットの道につながる。

「カロリー」だけの問題ではない

仮に食事制限を数週間続けて体重が減るなら、これほど簡単なことはない。

しかし、それがうまくいかないことは、食事制限をしたことがある人なら誰もが知っている。

では、多くの人が言うように、食事制限が続かないのは意思の弱さが問題なのだろうか？　答えは「ノー」だ。それはまったくの誤解である。ダイエットがうまくいかないことを意思のせいにするのは、やせたいと願う人に相当なフラストレーションを与え、苦しめることになりかねない。

すべての人が「カロリー＝体重が減らない元凶」だと信じているとまで言うつもりはないが、知識不足や、誤解を招くような考え方によって、カロリー制限はあらゆるダイエットの当然の基本原則かのように思われてきた。

理論的には正しいように見えるものの、**現実に体重をコントロールする際にはカロリーだけが問題になるわけではない。**

みんな「キープ」ができない

これまでの数十年間、大学病院をはじめとする数々の肥満治療施設において、「厳格な減量プログラム＝カロリー計算をすること」と考えられてきた。つまり、エネルギーを消費すればするほど体重が減ると信じられてきたのだ。私自身も研究者として、以前はこうした研究に携わっていた。

比較的簡単に減量結果を予測できる利点もあるが、この方法には長所と短所がある。長所は減量の効果が目に見えやすいので、希望をもつことができ幸福感も味わえる点だ。

しかし大きな短所もある。減量の成功が与えてくれる興奮や幸福感は束の間のものにすぎず、体重が戻ればあっという間に苛立ちと失望へ変わってしまう。それはまるで、合鍵を交換したとたんに冷めてしまう恋愛感情と同じだ。

ここで問題が生じる。長い時間をかけて落としてきた体重がふたたび増加に転じたとき、多くの人が失望し、挫折感を抱き、不幸のどん底に突き落とされるのだ。

残念ながら、**減らした体重をその後も維持できる人は非常に少ない**。それこそが食事制限によるダイエットの重大な欠陥だ。

つまり、長期的に見れば、食事制限で減量を試みた人の大半は、元の体重に戻ってしまうか、わずかしか効果が出ないかのどちらかである。減量しようとしたとき、体が体重の低下に強い抵抗を示すのは不思議なことではない。

食事制限によるダイエットは、楽しくもなければ、効果も見込めない方法なのだ。

こうしたダイエット方法のデメリットは数十年にわたり認識されながらも、ほとんど取りざたされなかった。

食事制限による減量では、肥満を長期的に解決できない――少し厳しく聞こえるかもしれないが、食事制限が失敗する理由を理解すれば、私たちが代わりにすべきことがわかるはずだ。

「グラフ」にするから原因がぼんやりする

もしかしたら、あなたはこれまで食事制限に何度もチャレンジして、予想どおりの結果(減量したあとに元の体重へ戻る)を経験しているかもしれない。失敗を繰り返すうちに憂鬱になり、やがて、自分に問題があるからうまくいかないのだという結論にいたる。自分には、根気強くダイエットに取り組むなんて土台無理な話なんだ、と。

こうして鉛のようにネガティブな感情が生まれ、自分は弱い人間だというイメージを抱くようになる。しかし、そうしてひとりで悩んできたのも今日で終わりだ。この言葉をぜひ覚えておいていただきたい。**「失敗はあなたのせいではない」**。

まず重要なのは、カロリーと体の働きに関する生物学的な知識だ。体重を左右するあらゆる要因について、科学的なモデルを考えよう。円グラフを使い、関連するさまざまな要因とその影響力を示すこともできるが、その場合は次のことに留意しなければならない。

グラフ上では一定のカロリー量(摂取量および消費量)が示されているものの、それら

がすべてではないということである。

体重に対して重要な役割（詳細は4章）をはたすほかの要因について割愛することは、大きな誤解を招くことになりかねない。

「考え方」と「戦略」を変える

いまこそ、「食事を減らして運動を増やす」というダイエットの常套句をきっぱり捨てるときだ。

まさに今、体の機能についてもっと深く探求するときである。

これまで、多くの研究者が伝統的なダイエット方法の改良に取り組み、運動量を増やして食事を控える従来のやり方に手を加えた方法を生み出してきた。

たとえば、ダイエットドリンクを飲む、ジムのトレーナーから継続的なサポートを受ける、夜中に小腹が空いたときに水を口にする、サプリメントを飲む、トレーニングを行う、高タンパク質食をとる……といった具合だ。

残念ながらどれもそこまで効果はなく、とくにカロリー制限に特化した方法は役に立たないことがわかっている。

いまこそいったん立ち止まり、「戦略」を変えよう。さもなければ、これからもあなたは失敗しつづけることになる。減らした体重を長期的に維持できているという人でも、カロリー制限をはじめとする厳しいルールのために慢性的な不眠症に陥っているのではないだろうか。

誰もそんな生活をしたいとは思わないし、できる人も少ないはずだ。

あらゆるダイエットが「リバウンド」した

では、体重計に乗るのをためらい悩んでいる人や、研究者たちのこれまでの試みはすべて無駄だったのだろうか。

私はそうは思わない。たしかに、いまの私たちから見れば合理的とはいえないかもしれないが、そのおかげで大事なことがわかったからだ。そのひとつは、**「体は体重の低下に対して強い抵抗を示す」**という事実である。体重を減らすことは健康にいいはずなのに、なぜ体は抵抗するのだろう。

その謎をここで解き明かしたい。

2012年秋、私はリバウンドを防ぐためのあらゆる方法の調査結果を、メタ分析（複数の研究結果を統合・分析する手法）でまとめた。

食事制限によるダイエットでは、長期的な効果が得られる範囲はきわめて限られている――既存の研究はそのことを明らかにしていたが、リバウンドしないダイエット方法を探るための実験は行われてこなかった。

そのため、私は長期的にリバウンドしない減量法を探る研究に着手した。しかし、残念ながら実験結果は惨憺《さんたん》たるものだった。実験期間が短かったこともあるが、私が試した方法では微々たる効果しか出せなかった。

つまり、**どんなダイエット方法でも、被験者全員がリバウンドしてしまった**のだ。もし、実験後の追跡調査をしていれば、さらによくない結果が出ていただろう。

私たちの研究は大失敗に終わったのである。

こうして、従来のダイエット方法は実際には減量の役に立たず、「食事量を減らして運動を増やす」というダイエットの常套句は大きな誤解を招くことがわかった。数十年にわたる研究が解き明かしたのは、既存のダイエットには効果がないという事実である。

いまこそ新たな取り組みが必要だ。アインシュタインの言葉を借りるなら、「狂気とはすなわち、同じことを繰り返しながら、違う結果を期待することである」。

私たちもこの言葉に学び、新たなダイエットというものを切り開いていかなければならない。

体は「セットポイント」に戻ろうとする——人体に備わった抵抗力

ダイエットに関する研究を通して明らかになっているのは、体重を巧妙にコントロールする体内の仕組みの存在だ。この仕組みは**「セットポイント」**（3章参照）と呼ばれ、体温や水素イオン濃度指数（pH）、体液平衡など、体のバランスを維持する仕組みとよく似ている。

減量によって脂肪細胞の中身が空になる、つまりセットポイントとなっている適正体重からかけ離れはじめると、体はこの動きに抵抗しようとする。**以前の体重に戻そうと、体の中ではさまざまな抵抗力が活発化する**のだ。

体にはこうした抵抗力が少なくとも4つ存在していて、体重を減らそうとする人はみな、この抵抗力との格闘を余儀なくされる。

抵抗力①　代謝が「低下」する

ダイエットを始めると、最初に代謝が低下する。つまり、体のエネルギー消費量が減少

する。このことは、体がより効率的に働くようになったともいえる。

体のエネルギー消費量は、以下の3つで構成されている。

1. 基礎代謝量——安静時のエネルギー消費量（ただし一日に何度も運動する人は代謝量が高いので除く）
2. 運動誘発性熱産生——日常生活の動作や運動によって、おもに筋肉が消費するエネルギー量
3. 食事誘発性熱産生——食事で摂取したものを消化、分解するために消費されるエネルギー量（全代謝量に占める割合はきわめて小さい）

エネルギーを摂取する行為とともに、エネルギーを消費する行為は、体のエネルギー代謝を活発にするうえで大事な役割をはたしている。そして、エネルギー消費を増やすには運動が欠かせない。

つまり、**体重減少後に起こる代謝の低下と相殺するためには、相当量の運動が必要になる。**運動の始め方については8章を参考にしてほしい。ふだん運動をする習慣のない人や、運動に興味のない人でも無理なく続けられる方法を解説している。

一方で、個人の意思で調整できる代謝とは別に、体には自律的に代謝をコントロールする仕組みがある。こうした代謝は、セットポイントとなる体重を維持するために、脂肪量をコントロールする重要な役割をはたす。仮にカロリー摂取量が増えたとしよう。すると、体は反射的に代謝を高めて、余分なエネルギーを取り除こうと働く。

■想像以上に「長時間」続く

そして、ダイエットをする人にとっては残念だが、消費するエネルギー量が多くなったり、食事を減らしてエネルギー摂取量が少なくなったりすると、体は代謝を抑えてしまう。

この代謝の低下は、一日あたり200～500キロカロリー（ただし年齢、性別、体重の減少量による）とけっして少なくなく、さらに体重が大幅に減り、筋肉量が少なくなると代謝はいっそう低下する。体重が減ったことで寒気を感じるようになると、体は代謝を最小値まで下げる。

このように体が働くのは、飢えに備えてエネルギーを蓄えようとしているからだ。じつに理にかなった仕組みだ。

代謝の低下はある程度自然な働きだ。体重が減少すれば必要なエネルギーは少なくなる。とくに多くのエネルギーを消費する筋肉量が減ればなおさら少なくなる。問題は、**体**

重の減少にともなうこうした代謝の低下が、想像以上に続くことにある。つまり、エネルギーの消費効率がよくなり体重が減りにくくなるのだ。

もちろん、そのぶん運動量を増やせばよいのだが、同じ量の運動をしても消費するエネルギーが少ないため、やせにくくなってしまう。

一方で、ダイエットの目的とは逆になるが、体重というのは増やそうとしてもそのぶん代謝が増えるので、結果的には元の体重に戻ってしまう。代謝とは、電気ヒーターのように自由自在に上げ下げをコントロールできるものではないのだ。

人それぞれ決まった体重が維持されるように、代謝については体が勝手に調整するようにできている。これは性別や年齢にかかわらず、**すべての人にあてはまる仕組み**だ。

体が体重を維持しようとするこのメカニズムは、消費したエネルギーを取り戻す動きを助けるので、体重がどれだけ減ったかにかかわらず、元の体重に戻るまで代謝の低下が続く場合が多い。

■ダイエット番組に「再出演」できない成功者たち

このメカニズムのわかりやすい例として、アメリカのダイエット・リアリティ番組『The Biggest Loser』の参加者が挙げられる。

この番組では、参加者のうち誰がいちばんやせたかを競い合うのだが、番組放送の1年後に参加者の体重や代謝の変化を調査したところ、次の結果が明らかになった。

第8期の優勝者ダーレン・ケイヒルは、番組史上最高の108キロの減量に成功した。コンテストの期間中に彼は194キロから86キロへと驚愕の減量に成功し、人生を取り戻したようだと番組のなかで語った。国中で有名になった彼は、各地のトークショーで自身のダイエット経験を披露していたが、残念ながら長くは続かなかった。

有名になりメディアに追われるプレッシャーがあったにもかかわらず、体重が戻りはじめたのだ。**番組で優勝してから6年後、彼の体重は45キロ増加した。**しかし、食事の自己申告記録によれば、じつに控えめな食事を続けていたことがわかる。

では、リバウンドの原因はなんだったのだろうか。そのひとつは、代謝量が一日あたり800キロカロリーにまで急激に低下したことだ。このカロリー量は、90分間の集中的なエクササイズに相当する。

こうした状況はほかの参加者にも見られた。**彼らの体重は放送期間中に急激なペースで減少したが、そのあと増加に転じ、多くは元の体重に戻ってしまった。**体が飢餓状態に陥ってしまったのである。

理屈上は、低下した代謝を補うために十分な運動をすればよいわけだが、それには相当量の運動を毎日、来る年も来る年も欠かさず続けなければならない。普通の人間がこうした運動を長く続けるのは現実的とはいえない。

この話を聞いても、あなたは長期的に体重を減らすには、食事を少なく運動を多くすべきだと思うだろうか？　それに、次に見るように、ホルモンの影響を考える必要もある。

抵抗力②「満腹感」がなくなる

脳はシグナル伝達システムを通じて体のあらゆる機能をコントロールする。そのひとつが「ホルモンシステム」（内分泌系）だ。脳は体内のさまざまなホルモンの状態を認識し、体内の恒常性を維持するためにホルモン分泌量のバランスを図る。

体内の随所にある内分泌腺では脳の指令をもとにさまざまなホルモンをコントロールする。内分泌系の仕組みを、スウェーデン鉄道の制御システムにたとえてみたい。ストックホルム中央駅は鉄道システムの中枢で、あらゆる列車がここから出発する。体でいうところの脳にあたる場所だ。

ここではすべての列車の動きが把握され、緊密に連携した運行が図られる。一方、スウェーデン各地の中継駅では、各列車に対して再接続や次の運行指令といった運行に関する情報を送る。中継駅は、いわば体内の内分泌腺に相当する。そして、その中継駅から分泌されるホルモンが、行動、意思、睡眠、食事といったさまざまな働きを制御する。

　つまりホルモンは、生命維持や習慣、健康に大きな影響を与え、とくに体重を大きく左右する要因なのだ。

Column

空腹ホルモン「グレリン」

　グレリンは、一般的に**「空腹ホルモン」**と呼ばれ、空腹時におもに胃や小腸から分泌される。

　空腹になると血中グレリン濃度が上昇し、食欲が増進される。そして、グレリンが脳に作用することで、私たちは高ＧＩ食品を欲するようになる。

　胃バイパス手術〔胃や小腸を迂回することで栄養吸収を抑制する手術〕が長期にわたって減量に効果的なのは、グレリンを分泌する体の働きを少なくし、その結果として空腹感が減るからだ。このことが、胃バイパス手術が「代謝手術」と呼ばれる理由である。

　また、グレリンは脳内報酬系（１４４ページコラム参照）とも関連する。ジャンクフードのような食事は、脳内報酬系に働きかけて私たちに快楽を感じさせる。

　そのため、グレリンの血中濃度の高さと肥満が関連するのも当然のことである。

ストレスや睡眠不足も、血中グレリン濃度を増加させる。したがって、減量したあともその体重を維持したい、またはリバウンドせず安定した状態をキープしたければ、**ストレスや睡眠不足、疲労に注意する必要がある。**

■「空腹」はしばらくしておさまる

生命の維持と、食べ物や水分の摂取は密接な関係にある。そして、食物の摂取を強力に左右しているのはホルモンと言っても過言ではない。

たとえ空腹だけが食事をする唯一の理由ではないとしても、人間の行動の多くはホルモンによってコントロールされている。たとえば、食欲を増進させるグレリンの分泌量は、朝がもっとも低い。朝の食欲がつねに最大とはかぎらないのはこのためだ。

また、グレリンは、体が炭水化物を吸収するのを促す。しかし、グレリンは絶え間なく空腹シグナルを発しているわけではなく、食事をとらないと数時間後に血中のグレリン濃度は低下する。**空腹を感じてからしばらくすると、空腹のシグナルが和らぐ**経験をしたことがあるはずだ。

また、コラムで述べたように血中グレリン濃度は、睡眠不足やストレスを感じているときにも増加する。チョコウエハースが魅力的に感じるのはこういうときだ。しかし、それも不思議ではない。脳はつねに覚醒した状態を維持しようと働くのだから。

Column

満腹ホルモン「レプチン」――ジャンクフードの食べすぎで鈍る

レプチンは脂肪細胞から分泌され、摂食時に満腹シグナルを伝達する働きを担っている。

レプチンは、体内に蓄えられている脂肪量を脳の視床下部に伝え、エネルギーのバランスをコントロールする重要なホルモンだ。脂肪細胞内に含まれる脂肪量が減少するとレプチンの分泌量も減少するため、満腹シグナルが出なくなり摂食量が増える。一方、摂食量が増えると、脂肪細胞は満たされ、レプチン濃度が上昇しエネルギーバランスが維持される。

レプチンは血液の循環を介して、脳のさまざまな部位、とくに脳内報酬系と摂食行動にかかわる脳の領域に作用する。

レプチンと、空腹ホルモンであるグレリンの働きによって、体は空腹シグナルと満腹シグナルのバランスを保っているのだ。

レプチン抵抗性とは、レプチンの血中濃度を脳が認識できず、レプチンの濃度が上昇しても摂食行動を止められなくなる状態を指す。**ジャンクフードのような高脂肪食品の過剰**

摂取は、視床下部の炎症を引き起こしてレプチン抵抗性を生じさせる原因のひとつと考えられる。

■「満腹になりにくい食べ物」が食べたくなる

食欲を抑えるシグナルは、「レプチン」というホルモンによって調整される。レプチンは脂肪細胞から分泌される。レプチンが発する満腹シグナルは脳に伝達され、脂肪細胞内の脂肪残量を知らせる。車の燃料計のように、脂肪という燃料を補給する緊急性の度合いを伝えるのだ（レプチンの詳細はコラムを参照）。

体重が減り、脂肪細胞内の脂肪が少なくなると、その影響を受けてレプチンの分泌量も減少する。**体重が減ると満腹感が得にくくなるのは、脂肪細胞内の脂肪を満たそうと体が働くから**である。つまり、体はふたたび体重を増やそうとする。

そのほかに、ストレスを感じた際に分泌されるコルチゾールやインスリンといったホルモンも、私たちの摂食行動を左右する重要なパズルのピースである。

では、減量によってホルモンはどのような影響を受けるのだろうか。

残念ながら、減らした体重をそのまま維持するのはむずかしい。グレリンの血中濃度が上昇し、レプチンが低下する。そして空腹を強く感じることによって、高カロリーな、とくに高ＧＩ食品がほしくなり、かつ満腹感を得にくくなる。空腹は、その度合いに関係なく、代謝の低下と同様に体重が減ることに対する体の強い抵抗なのだ。

何かを食べるという行動は、体の奥底にまでしみ込んだ原動力だ。私たちは空腹シグナルに敏感に反応し、「決まった時間になると食べる」という習慣を子どもの頃から身につけている。

生まれたときから空腹シグナルに敏感な私たちにとって、これは簡単にやめられる習慣ではない。空腹シグナルはそれほど手ごわい相手なのだ。

こうしたホルモンの影響力を理解するために、「胃バイパス手術」というダイエットの荒療治を例に考えてみたい。

肥満の人の食事制限を効果的にする手段としては内分泌腺の手術が多い。もっとも多いのが胃切除と小腸上部の分離、いわゆる胃バイパス手術である。こうした手術によって体重が減るのは、食事の量が少なくなるからではなく、実際は、グレリンが分泌される小腸上部が切除されたことでグレリンの血中濃度が著しく低下し、食事の量が減り、結果的に体重減少につながるためだ。

胃バイパス手術を受けた人の大半は長期的に良好な予後が得られる。従来の減少した体重を維持するダイエット方法に比べても、この手術は非常にすぐれているといえるだろう。この種の手術によって、体の仕組みの実態が明らかになってきた。つまり、**食欲を増加させるグレリンの分泌が急激に減れば、体重も減る**のである。

問題は、手術に頼らなくても、食欲増進ホルモンのコントロールが可能かどうかという点である。**私は可能だと考えている——少なくともある程度のコントロールはできるはず**だ。この点については、のちほどとりあげよう。

抵抗力③「脂肪細胞」は減らないが増える

代謝の低下やホルモンに加え、「脂肪細胞」も問題のひとつだ。

減量によって脂肪細胞のサイズを小さくはできても、完全に消すことはできない。**肥満の人の脂肪細胞の数は標準体重の人の約2倍あり、残念ながらダイエットで標準体重になってもその数は変わらない。**脂肪細胞の寿命は約10年だが、それらはつねに入れ替わるため、結局、細胞の数は変わらないのだ。

ただし、体重が増加する際に新しい脂肪細胞がつくられることを示す研究も存在する。臨床研究ではまだ明らかになっていないが、減量後にリバウンドすると体が新しい脂肪細胞をつくる可能性があり、減量するたびに脂肪細胞がますます増える危険がある。つまり、**長期にわたってダイエットを繰り返している人は、安定した体重を維持している人よ**

り脂肪細胞が多いことになる。

短期間で脂肪細胞を体から除去する脂肪吸引にも同じことがいえる。脂肪吸引をしてもすぐに体重が元に戻るのは、失った脂肪細胞を体がすみやかに再生しようとするからだ。脂肪を蓄積する生命維持の仕組みは、じつに巧妙にできている。

抵抗力④　やせない「習慣」の完成

減量をはばむ最後の抵抗力は、神経学的、行動科学的な側面をもっている。**古くから身についた習慣がリバウンドを引き起こす**のだ。

体重を減らすことは大きな犠牲をともなう。とくに食習慣と運動に関しては影響が大きい。ダイエットをする場合、高カロリーの食品は控えなければならないだろう。キャンディやソフトドリンク、ピーナッツ、アルコール、ポテトチップス、パン、ピザ、チョコレートなど、誰もが誘惑に負けてしまうような食品だ。

一方で、私たちの食や味覚の嗜好は幼児期に形成され、大人になっても脳にとどまりつづける。もちろん、昔から慣れ親しんだ味でなくてもある程度は楽しめるが、「この味ではない」と思ってしまうことも多々ある。

私たちの多くは、食べ物に心地よさといった感覚を求めている。とくに夜の空腹時は甘いものがほしくなりがちだ。つまり、**私たちの摂食行動は、栄養やエネルギーをとるためでなく、心理的な欲求やホルモンの影響を大きく受けている。**たとえば、あわただしい仕事や人間関係、あるいは仕事から受けるストレスによって摂食行動は大きく左右される。

ダイエットはこうした問題をどう解決するかにかかっている、と言ってもいいだろう。

■問題は「やせてから」起きる

ダイエットは、始めたときがもっともモチベーションが高いので、そのまま習慣化できれば比較的簡単に感じられるだろう。そのあと、徐々に減量のペースはなだらかになり、やがて体重の低下は止まる。

しかし、減量後の体重は食事制限と日々の運動を継続すれば維持できる。

問題はモチベーションが以前ほど高くなくなったときだ。変わらず減量を目指すあなたは多大な犠牲を払っているが、同時にグレリンなどの空腹ホルモンの増加によって空腹感は以前より強くなっている。さらに、代謝が下がるので、減量後の体重を維持するにはいっそうの努力が必要になる。精神的にも大きな負担だ。

夜食にポテトチップスをつまむ誘惑に対してある程度は抵抗できるだろうが、精神的に弱った人は、自分で決めたダイエットのルールを簡単に変更し、徐々に昔の生活習慣へ戻ってしまう。空腹シグナルや周囲の誘惑はじつに抗いがたく、以前のように体重計に乗る喜びは得られない。背後からは少しずつ、かつての生活習慣が忍び寄ってくる。

これは人間ならあたりまえのことだ。

間違って「筋肉」が減ってしまう

このように、体は手ごわい守備陣形を張って体重減少を食い止めようとする。**この働きはカロリー制限のあとに発動し、元の体重に戻るまでずっと続く。**そのため私たちには、効果的なダイエット方法が新たに必要なのだ。

体重が不可避的に上下しつづけるということは、これまでのダイエット法で成功する人などいないということであり、ましてやそういったダイエットは健康的でもなければあまり幸せな結果も生まない。なぜなら、ダイエットは本人の性格しだいと考えられ、リバウンドにはやましさと羞恥心がつきまとうからだ。

ここで注意したいのは、あなたが無理で理不尽な減量をしているのであれば、それは、**あなた自身の自尊感情の低さや、現実的でない「理想」を追い求めてしまうあなた自身の**

減量をはばむ 4つの抵抗力

①代謝の低下
・安静時および活動時　・筋肉量の減少

②食欲の増加
・空腹感の増加　・満腹感の減少

③不変の脂肪細胞数

④もとに戻る傾向（食および運動習慣）
・とくにストレスのある期間

心の弱さから来るものだということだ。簡単に破壊的なライフスタイルにのめり込み、それがダイエットの悪循環の始まりとなってしまいかねない。

ダイエットの失敗に続くのは、欲求不満、やましさ、そして羞恥心だ。多くの人は挫折し、健康的な生活習慣をあきらめ、自暴自棄になってしまう。こうした問題を解決するには、ダイエットが成功しない理由を理解し、新たな戦略を考え、みずからの外見に対して寛容になることが大切だ。

ダイエットについてもうひとつ重要なのは、**減量中、運動量が足りなかったり、タンパク質の摂取量が少なかったりすると、徐々に筋肉を失ってしまう**ということだ。たとえリバウンドによって筋肉量が多少増えたとしても、生涯にわたってダイエットを続ければ、代謝量も減ることになる。

大切なのは体重計が示す数字ではなく、体組成、つまり筋肉や脂肪の構成に目を向けることだ。健康を維持するためには筋肉は欠かせない。

長期にわたって減量の効果を維持したいのであれば、日常的に運動をすることはきわめて重要で、保つべきライフスタイルだ。そして、筋肉組織とその機能を維持するためには、十分な睡眠と健全な精神がカギとなる。

「ストイック」にやるよりもっといい方法

世の中には、健康を害するようなダイエットの沼にはまることなく、すぐれた方法で減量に成功し、上手に体重をコントロールできる人も多い。そうした人たちはダイエットがうまくいかない理由を理解し、長期的に有効な方法を見つけている。

外見への過剰な執着から解放されている人もいるが、こういったことは減量を始める動機というより、**減量の取り組みのなかで生まれた副産物**だろう。彼らは自分の健康のために、どれだけ生活習慣が変化したかを重視する（どれだけ体重が減ったか、ではなく）。つまり、体を罰する（カロリーをほしがる体に逆らう減量法）のではなく、体が機能するように助けるのだ。

これはポジティブな精神の出発点といえる。当然、このふたつの戦略のあいだにはグレーゾーンが存在する。しかしポイントは、**ダイエットは長期的には機能しない**という事実を理解することだ。ダイエットの代わりに必要なのは、永続的かつ現実的にライフスタイルを変えることであり、とくに**「体への肯定的な見方」**が大切である。

これは実際には、あなたが思うほどむずかしくはない。

ここまでの話を聞いて、「では、減量に成功するなんて、そもそも不可能では？」と思う人もいるだろう。安心してほしい。長期的に体重を落とすことは十分に可能であり、減量のために無人島でロビンソン・クルーソーのような生活を送る必要はない。だが、減量を目指す人にとって、アメリカのような肥満大国は、想像しうる最悪の環境のひとつだろう。

アメリカの研究者たちがつくったのは、大幅な減量を遂げたあとで長期間の体重維持に成功した人々を登録する仕組みだった。研究者たちは観察研究を目的として、長期間の体重維持に成功している人を対象とした「全米体重管理登録簿」（ＮＷＣＲ）を作成している。

たしかに、減量に成功した人はいた。だが、散々な結果だった。なぜなら、**減量に成功したケースで彼らが「やらされた」のは、私たち普通の人にとっては非現実的なことばかりだった**からだ。

体重変化のパターン

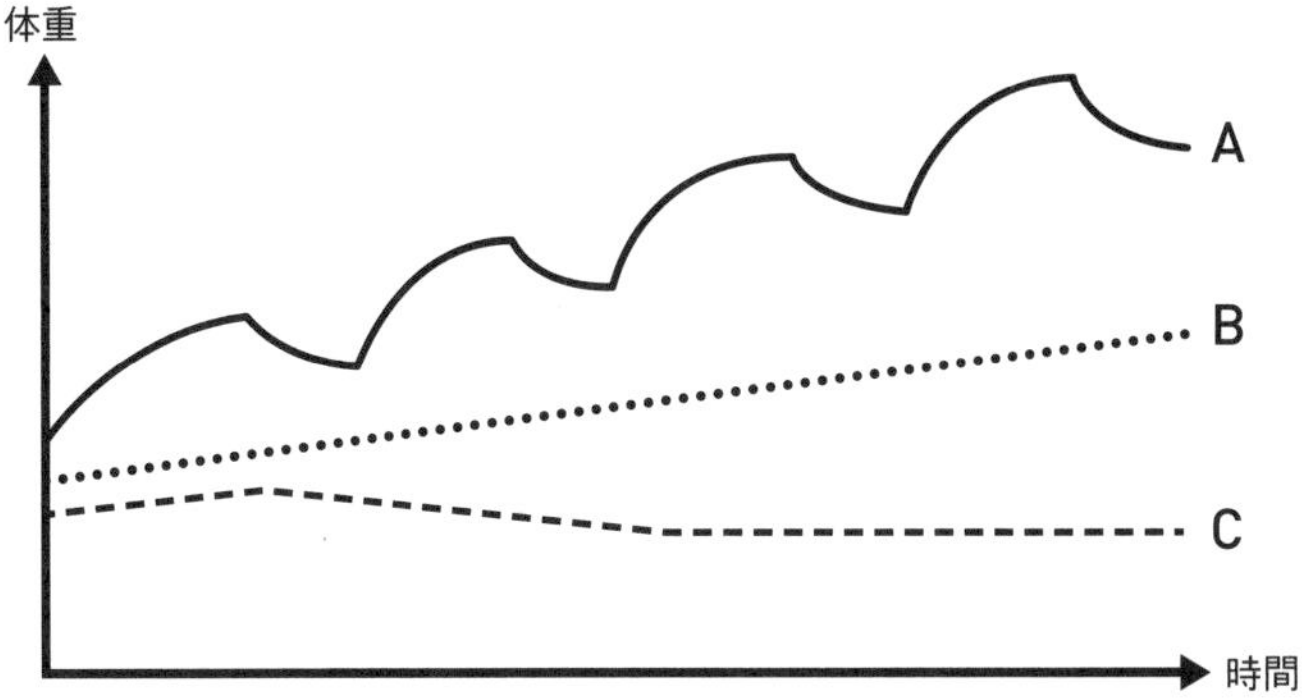

A ＝ ダイエットとリバウンドを繰り返した場合の体重変化
B ＝ 加齢によるゆるやかな体重変化
C ＝ 健康的なライフスタイルを維持した場合の体重変化

彼らは毎日60～90分の運動と食生活の管理を欠かさず、体重を細かく記録し、健康的な生活習慣にすみやかに移行できるよう手厚いサポートを受けていた。

長年の経験からもわかるとおり、こうしたタイプのダイエットで成功する人は少ない。非常に恵まれた環境下にあり、かつやる気に満ちた人でないかぎり、効果は期待できないだろう。

もしあなたが、減量したあとで長期間の体重維持を目指すなら、こうした方法をとる必要はない。もっといい道があるのだから。

2章

肥満には「種類」がある

無害な肥満・やっかいな肥満・解消しにくい肥満

脂肪は生命の維持に不可欠だ。人類の歴史を振り返ると、脂肪を蓄えることはじつに有利な仕組みだった。だが、これは現代ではほんの気休めにしかならない言い訳だろう。**肥満には多くの種類があり、健康に無害なものもあれば、危険をはらむものもある。なかには、ひときわ解消しにくい肥満もある。**本章ではさまざまな種類の肥満をとりあげる。あなた自身の状況と照らしあわせて読んでいただきたい。

肥満の定義はシンプルだ。脂肪量の過多、脂肪細胞数の過多、かつ脂肪細胞のサイズも大きい（肥大）状態といえばわかりやすいだろう。脂肪組織は、それ自体がホルモンを分泌するという興味深い組織だ。そして、なんといってもエネルギーの貯蔵庫である。

肥満の研究を通して私が確信したのは、肥満は必ずしも一様な状態ではないということ。肥満とは、身長や筋肉量といった体の状況を総合的に見て脂肪量が多い状況をさす。
そこで、肥満の種類をとりあげる前に、そもそもなぜ私たちに脂肪が必要なのか、そのきわめて重要な働きについて考えたい。

脂肪は「生命」である

今日では肥満の健康リスクが多く語られているため、体脂肪は悪者扱いされがちだ。しかし、これは間違っている。脂肪はきわめて重要な機能をはたし、数千年にわたって人類の生存を支えてきた。

そのことを式で表すなら、**「脂肪＝エネルギー＝生命」**になるだろう。不毛で過酷な環境においては、まさにこの式があてはまる。エネルギーなしでは誰も生きることはできない。それは数千年にわたる自然選択が示す事実だ。

エネルギーを十分に蓄えられない人は倒れ、生き残った私たちは脂肪を蓄える能力を手にした。とくに女性にとっては、妊娠や授乳期に必要なエネルギーを確保するために脂肪が必要であり、また脂肪（とくに褐色脂肪組織）のおかげで私たちはエネルギーを熱に変換し、寒い過酷な環境下でも生存できる。また、脂肪蓄積は車のダンパーのように、内臓や足の裏を衝撃から守る役割もはたしている。

裏を返せば、やせた人、つまり脂肪量が少ない人は、さまざまな面で健康リスクが高く、標準体重の人よりも平均寿命が短い。**体重とは、少なすぎても多すぎても健康にいいとはいえない。平均がベスト**なのだ。

きわめて重要な意味をもち、大切な働きを担う脂肪は、私たちにとって不可欠な存在だ。

体は「蓄える」構造になっている

脂肪の機能を知ることは、肥満とは何か、なぜ人は肥満になるのかを解明するために欠かせない。

私たちが生存できるのは、体の理にかなった働きのおかげだ。脂肪は、簡単にエネルギーを手に入れられるエネルギー貯蔵庫として、人類の進化において重要な役割をはたしてきた。

人間が洞窟やサバンナで暮らし、日々生存競争を余儀なくされていた時代からかなりの年月が経ったものの、現代に生きる私たちの体や遺伝子に大きな変化は生じていない。太りやすい体質には、かつての生存競争に適した能力がいまなお残っている。

人類の大多数がもつ、脂肪の蓄積においてすぐれた遺伝学的および生理学的特性は、現代に生きる私たちにとっては必要以上の能力だ。

空腹やストレスを感じているとき、コンビニに引きよせられて、甘いものをつい買ってしまった経験はないだろうか。**食べ物を探し、食べ、エネルギーを蓄えるということにかけて、私たちはすばらしい才能をもっている。**つまり、脳による合理的な思考プロセスを経ることなく、純粋に本能してエネルギーを多く蓄えられるということだ。

ひとつ例を挙げよう。あなたの目の前にボウルがふたつある。ひとつにはお気に入りのチョコレートが山ほど入っていて、もうひとつにはブロッコリーが盛られている。無意識にあなたが手を伸ばすのはどちらのボウルだろうか？　そして、どちらのボウルを手に取るべきなのだろうか？

私たちの体には、食べ物を探す特殊なレーダーが備わっていて、香りや味だけでなく、色や形を手がかりに、エネルギー豊富な食べ物を見つけ出す。もしダイエットに取り組むつもりなら、遺伝子に組み込まれたレーダーのメカニズムを理解し、この仕組みとともに生きていく必要がある。

生き延びるために余分な脂肪を蓄える必要がなくなった現代では、状況は正反対だ。余分な体重は嫌悪され、本能ではなく理性が求められる。本能に逆らってブロッコリーに手を伸ばさなければならないのだ。

過酷な生存競争を勝ち抜くために脂肪を効率よく蓄積する能力は、現代では不要だ。程度の差こそあれ、現代では生命維持に必要な基本的な栄養素がいつでも手に入る。むしろ体重は社会の厄介者となり不健康の親玉になってしまった。なぜこのように、しかも急激に状況は一変したのだろうか。

悪い脂肪かどうかは「ついた場所」次第

さまざまな肥満のタイプをとりあげる場合、「生理学的な意味」に注意してほしい。とくに筋肉と脂肪の比率や、脂肪のついている場所が重要である。

たとえば体格を表すBMI値［BMI＝体重（kg）÷身長（m）÷身長（m）。「体格指数」と訳されるBMIは18・5以上〜25未満が標準範囲とされ、その範囲より大きすぎても小さすぎても病気にかかりやすくなるとされる］は、たんに体重と身長の関係を示すだけだが、胴囲は健康状態を強く表している。

胴回りについた脂肪（一般に男性）は代謝活動にかかわっており、健康に悪影響を及ぼすとされる。一方、尻まわり（一般に女性）についた脂肪は、通常は重大な健康リスクにはつながらない。

脂肪は表層部（皮下脂肪）や内臓の周囲（内臓脂肪）だけでなく、肝臓や筋肉といった組織内（異所性脂肪）にも蓄積される。皮下脂肪が大きな健康リスクを引き起こすことはないが、内臓脂肪は悪影響を与える。これこそ、肥満が健康リスクに関連しているといわれる大きな理由だ。

内臓脂肪の特徴は、脂肪細胞（遊離脂肪酸やホルモン、そのほかの物質を放出し細胞レベルで炎症を引き起こす原因となり、長期的には2型糖尿病や心血管疾患の原因になる）が肥大化し、脂肪細胞表面に存在するストレスホルモンのコルチゾールの受容体が、ストレスに敏感に反応することだ。

体内の脂肪はCTスキャンやMRIではっきりと確認できるが、診察を受ける機会がない人は自分で胴囲を測ってみるといいだろう。**胴囲は1メートル以下が望ましい**とされている。

■「胴囲」はこう測る

メジャーを腰骨と肋骨の間にあわせる。息を吐き、リラックスした状態で自分以外の人に計測してもらうのがいい（そのほうが正確に測れる）。

■BMIが「標準」でも気をつけて!

健康状態が懸念されるのは、ヒップが小さいのにウエストまわりが著しく太く、筋肉量が少ない体型である。極端な例では、サルコペニア、つまり脂肪量が多く筋肉量が急速に低下している状態にありながらBMI値はごく普通、というケースもみられる。

こうした人は、たとえBMI値が標準でも、健康リスクは高い。だが、運動したりして生活習慣を改善すれば健康状態はよくなる。逆にいえば、ストレスや運動不足はこうした体型に陥るリスクを高める。さらに女性の場合、閉経後に男性ホルモンが上昇するとこうした体型に近づくことが多い。

ホッケー選手の体型を考えてみよう。BMI値は高いものの、まったく肥満ではない。どちらかといえば、ホッケー選手タイプの人は、普通の生活を送るうえで必要ないほど多くの筋肉を有しているが、それがその人の害になることはない。

また、身体的な活動のみならず、血糖値やインスリンのコントロールといった健康を維持するための仕組みにも、筋肉はさまざまなかたちでかかわっている。

■「ストレス」で腰回りの脂肪がたっぷりに

さらに、ストレスも体の脂肪のつき方に大きな影響を与える。ストレスの上昇で分泌量が増えるホルモン「コルチゾール」には、食欲を増加させたり代謝に悪影響を及ぼしたりする働きがある。

ほかにも、**コルチゾールの分泌が増えると腰回りに脂肪がつきやすくなってしまう。**

体型について考え、自分の体型がどのタイプか判断するうえで、健康的な体重とは何か、参考にすべき重要なエビデンスがあることがおわかりいただけただろうか。

「生まれたときの体重」が一生影響する

さて、これからお伝えすることは、従来のダイエット法が機能しない理由を考えるときに役立つだろう。幼児期から肥満に悩んでいる人にとってはとくに重要である。**肥満の「期間」には大きな意味がある**のだ。

肥満の早期発症の原因についてとりあげる前に、重要な概念である「発生率」の意味を理解する必要がある。

発生率とは、ある期間に新たな病気を発症する人の数を表す。有病率は、「スウェーデン国民における肥満の割合」というように、一時点における対象の存在を表す。つまり、肥満の発生率は新たに肥満になる件数を示し、これが高くなると、対象の存在を示す有病率の上昇につながるということだ。発生率や有病率は、人口比で示されることが多い。

肥満の発生率は、0歳から5歳の間がもっとも多い。そして、この年齢層での有病率、つまり肥満の割合は低いものの、今日では上昇傾向にある。発生率は10歳までは引き続き高水準にある。上昇ペースは10代後半で横ばいとなり、ふたたび上昇に転じると30代前後まで高水準が続く。そのあとの発生率は落ち着き、有病率も横ばいかやや高めになる。成人になってからは幼児期のように急に肥満になることはあまりないので、肥満に関しては幼児期がもっとも重要な時期であるのは間違いないだろう。

出生時の体重が4000グラム以上の新生児は、2600グラム以下の新生児より肥満のリスクが60～100％も高い。つまり、**幼児期と出生時の体重が、成人期の体重を大きく左右する**ということだ。その影響力は、個人差はあるものの成人期の生活習慣と同じぐらい大きいと考えられている。

脂肪細胞の数は「幼児期」に決まる

肥満のほとんどが人生の初期に始まるのは、なぜなのか。

それについて考え出すと、私たちの関心は次のパズルのピースに行きつく――「私たちは脂肪細胞をどのくらい保有しているのだろうか？」。

脂肪細胞の量は、多かれ少なかれ幼児期に決定されるといわれている。つまり、成人期の脂肪細胞量を決めるのは、幼児期に形成された脂肪細胞の量であり、それは出生時の脂肪細胞量と同等だと考えられる。

肥満の人は、標準体重の人より脂肪細胞が多く、脂肪細胞自体のサイズも大きい。興味深いのは、新たに形成される脂肪細胞の数が異なることだ。肥満の人の場合、脂肪細胞がもっとも多くつくられるのは10歳までの時期だが、標準体重の人は、その時期には細胞の数がほとんど変化しない。このことは、幼児期の肥満の高い発生率と一致する。

つまり、**幼児期に脂肪細胞が急激に増加した人は、生涯を通して肥満リスクが高くなる**と考えられる。

一般的に脂肪細胞数は、標準体重では400億から500億個である。それに対し、肥満の場合は約2倍の1000億個、過体重の人はさらに多いとされている。細胞はつねに再生が繰り返され、毎年8％の脂肪細胞が死滅し、同程度の新しい細胞が生まれる。多くの脂肪細胞をもつ肥満の人も、標準体重の人も、この比率は変わらない。

さらに、**減量に成功したとしても、残念ながら脂肪細胞の数が減ることはない。**ただし、減量した場合、中性脂肪が枯渇し脂肪量が減少するため、脂肪細胞のサイズは小さくなる。

一方、成人期に体重が増えた場合、それは既存の脂肪細胞のサイズが大きくなったからであり、脂肪細胞の数が増えたわけではない。

生きているかぎり「減量」はむずかしい

脂肪細胞は、保有する数自体は変わらない。そのため、私たちにできるのは、脂肪細胞内の脂肪含有量を減らすことだけだが、体は当然それに抵抗する。

これは生活習慣やライフスタイルにかかわらず、体重を左右する決定的な要因だ。脂肪細胞は、空腹感や満腹感などの感覚に敏感に反応するため、体がつねに脂肪で満たされるようにその人の習慣にまで影響を及ぼし、体重の減少に抵抗するのだ。

脂肪細胞を取りのぞくのがきわめてむずかしい理由のひとつとして、私たちが生命を維持するのに脂肪が不可欠であることが深くかかわっている。

体内の脂肪は非常に活発に働き（事実上、内臓そのものと考えることもできる）、肺や肝臓、心臓と同じぐらい重要な存在だ。脳の約半分は脂肪でできているうえ、脂肪は神経

脂肪細胞の「数」は増えも減りもしない

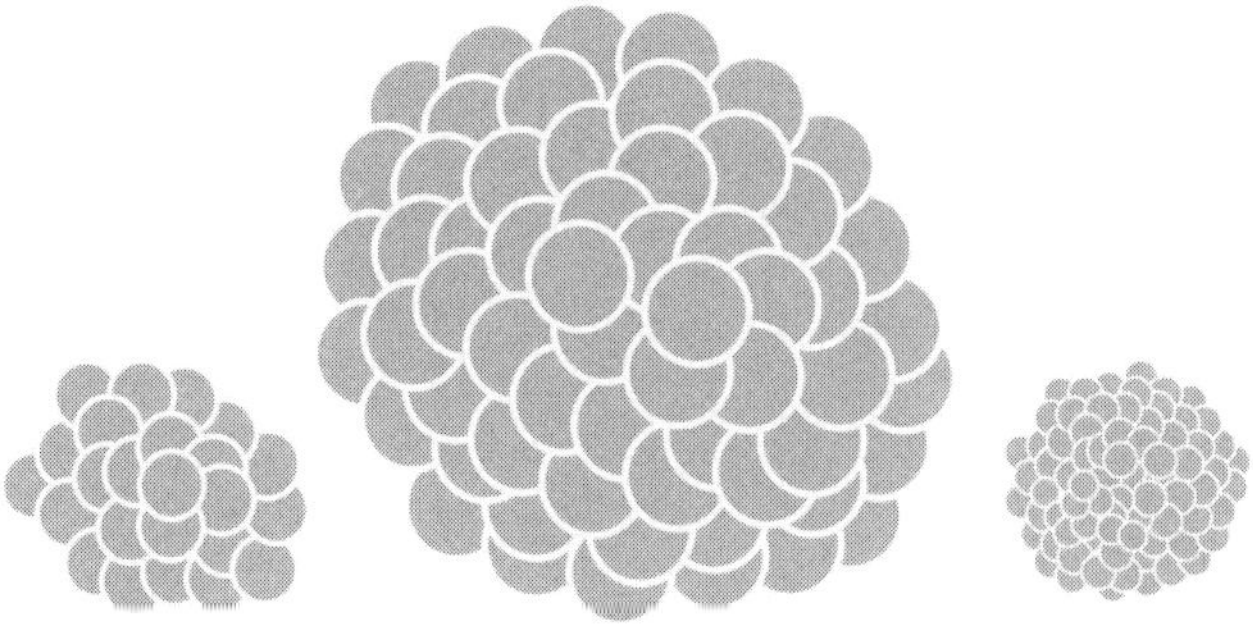

A ＝ 肥満ではない状態　B ＝ 肥満　C ＝ 減量した人の場合

の発達と機能を促し、内臓を保護している。また、妊娠中や授乳中の女性にとっては、必要に応じてエネルギーを取り出せる重要な燃料貯蔵庫でもある。

私たちは脂肪がなければ生きていけないので、体は脂肪を守るために、くちばしや爪を使うかのような激しさで抵抗してくる。スウェーデンのような高緯度にある国で人間が生きていられるのは、脂肪によって体が守られているおかげなのだ。

「いつ太ったか」でやせやすさが変わる

ここまで読めばわかるとおり、幼児期、とくに10歳までに生じた肥満と、成人期に発生した肥満には大きな違いがある。

この点をさらに明確にするために、肥満にまつわるいくつかのシナリオを考えてみたい。

はじめに、標準体重の中年男性のシナリオを考えてみよう。彼は新しい職について、仕事のストレスを抱えている。顧客へのプレゼンや上司に課される厳しいノルマのプレッシャーのせいで、数年後には体重が10キロ増えてしまった。

このケースでは、体重が増えたのは脂肪細胞がふくらんだためであり、脂肪細胞の数が増えたからではない。また彼の場合、両親が肥満だったり仕事以外のストレスを抱えていたりといった問題はないとする。

このシナリオに似た例が、引退したアスリートが一線を退いたあとも以前と同じような食生活を送っているケースだ。食習慣を変えるのは簡単ではない。食事の量を調整することなく、それまでのような運動をやめた場合――とくに、不健康な食習慣を運動量で相殺していたような場合――には、体重が急激に増加してしまう。

とはいえ、このふたつの例の場合、体重を元に戻す方法は比較的シンプルになる。脂肪細胞数自体に変化はないので、バランスのよい食事をしてしっかりと運動をすれば、十分に減量できる。

一方で、もっと複雑で、しかもよくある例を見てみよう。「遺伝的な体質」と「ストレス」の両方を抱えている女性が妊娠した場合だ。

この場合、体重は短期間で急速に増加することが多い。

妊娠とその後の家族生活は、女性の人生における重大な転換期であり、生理学的のみならず、心理的にも重要な時期だ。そのため、その期間中は肥満になりやすく、空腹シグナルも増加する。そこに**遺伝的性質やストレス、心理的要因が重なると、妊娠による体重増加を防ぐのはむずかしい**。また、妊娠は肥満への入り口にすぎず、余分な体重は出産後も残ることになる。授乳すれば体重が減るというのは神話にすぎない。

さらに複雑なのは、出生時から高体重の場合も含む、幼児期以降に肥満が解消されない場合だ。**こうした人は脂肪細胞数がきわめて多いため、体重を落としてもその体重を維持するのがきわめてむずかしく、それに複雑な成育環境やストレス、感情的な要因、とくに遺伝学的な要因も大きく影響してくる。**体重が減ることへの体の拒否反応が通常より強いので、減量後の体重維持はさらにむずかしい。

肥満の発生時期は、肥満のタイプを識別する重要な要素だ。肥満には「目に見えない」生物学的な要因が多く存在するが、**なかでも遺伝的な形質は相当の影響力をもっている。**

肥満のメカニズムが解明されていくにつれて、従来のようなカロリーだけに焦点を絞った肥満の説明は誤りだったと明らかになってきた。

もし、最後のシナリオに自分があてはまると感じたなら、肥満が早い段階で始まっていたといえるだろう。これは、ほかの肥満とはタイプの異なる「規定された」肥満である。

幼児期からの肥満は、もっともよくあるシナリオだ。つまり、成人期に肥満体の人は、乳幼児期、出生時においても肥満である場合がほとんどだということだ。カロリー制限による減量効果がまったくない、またはこの方法に課題があると考えている人が多いのは、こうした理由からである。

健康な肥満、不健康な標準体重

これまでの数十年にわたる研究によって、肥満と不健康の密接な関係が明らかにされてきた。とくに2型糖尿病や心血管疾患、ほとんどの癌、高血圧、うつ病やそのほかの精神疾患については、肥満との関係が多く言及されている。肥満はさまざまなかたちで健康を左右し、ライフスタイルや社会的環境、個人の経済状況にも影響を及ぼす。

しかし、体重と健康の関係については少しニュアンスが異なるので、いくつかの点を強調しておこう。

そのひとつが、近年話題になっている**「健康的な肥満」**に関する議論だ。

肥満の人はたいてい、標準体重の人と比べてさまざまな疾患にかかりやすい。「健康的な肥満」というのは誤解をまねく表現だが、一方では、実際に重病にかからない肥満も多く（約3分の1）、動脈硬化や2型糖尿病、高血圧といった疾患が、標準体重と比較してきわめて多いとはいえない。このような場合の脂肪細胞は、遊離脂肪酸［脂肪の分解で生じる脂肪酸。高脂血症の要因になったりする］をそれほど多く血中に放出しないという良質な特性をもっていると考えられる。

同時に、標準体重でありながらも、一般には肥満と関係があるとされる2型糖尿病や高血圧などの疾病に苦しむ人も多く、体型や脂肪蓄積の部位に関しては慎重な議論が必要だ。

また、脂肪細胞の特性も健康に大きく影響する。一部には、おもに遺伝によって、危険性のある脂肪細胞をもっている人がいる。あるいは、**脂肪細胞が平均よりわずかに大きい場合には、遊離脂肪酸の炎症によってある種の脂肪組織が有害になる。**

さらに、標準体重でありながら高血圧や高脂血症、糖尿病といった疾患がある人の場合、有害な特性の脂肪組織をもっている可能性が高く、親族が同じような症状を抱えているケースも考えられる。

つまり、過体重でなくても、運動したり、良質な食事をとったりするなどの「健康的なライフスタイル」を維持して、高血圧や高脂血症、糖尿病といった疾患にならないようにするのが重要である。

ここまでは、肥満の基本的な見方、とくに一定量の脂肪が私たちに不可欠である理由を説明してきた。

次は体が体重をコントロールする仕組みについて書いていきたい。あなたの体は体重のコントロールシステムと深くかかわっていて、肥満は見た目の美しさや意思の強さとは何の関係もない。

腹部の肥満は「炎症」になる

「遊離脂肪酸」を多く産生しない脂肪細胞がなぜ良質なのだろうか。

炎症とはケガや傷に対処するために体が行う応急処置だ。炎症は発赤《はっせき》、うずき、発熱、ときに痛みを引き起こすが、体の損傷した部分を再生するのが炎症の目的である。

しかし、それとは異なるタイプの炎症がある。**「慢性炎症」**と呼ばれ、損傷をリカバリーするような働きをするわけではない。くすぶるような軽度の炎症反応が続く慢性炎症は、食事の内容（ジャンクフードや高ＧＩ食品は慢性炎症を悪化させる）や運動量（座りっぱなしの生活は慢性炎症につながる）、ストレスや睡眠の状況といったライフスタイルと深く関係している。

そして、**慢性炎症の発生率は、標準体重より肥満のほうが高い**とされている。

また、慢性炎症は多くの疾病とはっきりとした関連性がある。それらの疾病には、肥満の人が苦しむ２型糖尿病や高血圧、心血管疾患も含まれる。

腹部に脂肪がつくと脂肪からの分解生成物が増えるのだが、そのなかでももっとも厄介なのが「遊離脂肪酸」だ。この脂肪酸は、重病の出発点となるインスリン抵抗性［インスリンが出すぎて効き目が薄れた状態］を引き起こすといわれている。インスリン抵抗性が起こると、それを打ち消そうとする体の働きによって、生体防御機構による炎症が起こる。

この遊離脂肪酸に対する体の反応は、かえって炎症を引き起こしてしまうのだ。

肥満の場合、程度の差はあるものの、脂肪細胞およびその周囲に慢性炎症を起こしやすい。このことが、健康に有害な脂肪細胞を多くもつ原因となるのだ。

脂肪細胞が大きくなることは、「脂肪細胞肥大」と呼ばれる。この脂肪細胞肥大も炎症リスクを高め、そしてドミノ連鎖的にインスリン抵抗性や２型糖尿病、心血管疾患を引き起こすことになる。

慢性炎症は、運動したり、質がよく栄養価の高い食事をとったり、ストレスを減らすよう心がけたり、十分な睡眠をとったりすることで改善できる。

体重の減少は、強力な抗炎症の「作用」である。この「作用」によって体の炎症が軽減し、健康状態の改善につながる。その効果は、たとえ5％程度のわずかな体重の減少であっても明らかに表れる。

結果的に、体重計の数字が減ればそれは何よりうれしいボーナスだが、たとえ小さな変化であってもあなどってはいけない。とりわけ、炎症の軽減につながることを踏まえれば、体重を1キログラム減らす効果は絶大なのだ。

少しずつ継続的に体重を減らすことができれば、大きな体重変化の際に引き起こされる体の抵抗もなく、健康上のメリットは非常に大きいといえるだろう。

3章 体重は「セットポイント」に戻る

100万キロカロリー食べても体重は一定

私たちのほとんどは、1年間に約100万キロカロリー相当の食べ物を食べている。それにもかかわらず、体重がほぼ一定に保たれているのはなぜなのだろうか。

その理由は、呼吸をしたり体内の水分量を調節したりするのと同じように、体重がきわめて注意深く体の中でコントロールされているからだ。

このような知識をもとに体の仕組みを正しく理解できれば、体重を適切に保つための長期的ですぐれた戦略を見つけられるはずだ。

人体には「Bプラン」がある

体重が減少したとき、体は永続的かつ強固な手段によってみずからの身を守ろうとする。体にはセットされた体重、いわゆる**「セットポイント」**が存在しているので、そこから逸脱する働きはことごとく抵抗にあうのだ。

だからといって、これまでのあなたの取り組みがすべて無意味だったわけではない。ただ、新しい道を探す必要があるだけだ。

体は順応性が高く、つねに変化する。人類は数千年にわたって質素な環境のなかで進化してきたが、いまや私たちのまわりにはジャンクフードがあり、スマートフォンをはじめさまざまな機械であふれている。

エネルギー豊富な食べ物を探し回って食べるという本能は、栄養をとるためだけでなく脳の報酬系にもかかわっている。しかし、**脳の報酬系を制御できるようになるまで人間が進化するのは、まだまだ先**だろう。その進化が起こるまでは、体が体重をコントロールする仕組みや、体重がさまざまな要素とデリケートなバランスを保って成り立っている事実を、もう少し理解しておいたほうがいい。

体重のコントロールに関係してくるのは、食事や運動だけだろうか。いや、それほど単純ではない。少し考えてほしい。なぜ脂肪はいつの間にか増えているのか。

体には、バランスを維持するための仕組みがたくさん存在する。そのひとつが「体温」

だ。寒すぎれば悪寒や震えで温かさを取り戻し、暑すぎれば汗をかいて冷やそうとする。体には、そういった働きが存在するのだ。悪寒や震え、発汗は、体のどこかのスイッチを意識的に押すことなく自動的に発動する機能であり、それは「呼吸」に関しても同じだ。たとえば、あなたが気絶するまで息を止めたとしよう。すると、体はあなたを乗っ取るかのように、自動的に機能しはじめる。あなたは気絶したあと、しばらくして意識を取り戻して呼吸を再開するだろう。

つまり、**生命の維持にかかわる体の機能は、意識とは無関係に働く**。このような仕組みは人間の生存を確実にするための進化のバックアップ、いわばBプランともいえるものだ。

「代謝」が変わって体重は戻る

私たちの体には一定量の脂肪が必要である。脂肪は生命維持に不可欠な存在であり、生命を守る防御メカニズムだ。この視点に立てば、**あらゆるダイエット法における最大の壁は、生物学的な自然の摂理によって生じるもの**だといえるだろう。

裏を返せば、体重を増やすこともつねに簡単とはかぎらないということだ。

一定期間、被験者に過剰な食事をとらせ、運動量を減らし、体重が必然的に増加する状況を調べる研究がよく行われる。結果的に、実験が終わって通常の食習慣に戻ると、被験者が外見を気にしているかどうかにかかわらず、以前の体重に戻ることがわかっている。つまり、体が脂肪量をコントロールして、過少、または過大にならないように一定の水準に保とうとしているのだ。

こうした変化は、体重を左右するレプチンやグレリンといったホルモンの変化と、代謝の増減によるものだ。

体重はときどき「飛躍的」に増える

食物摂取量とエネルギー消費量は時期によって著しく変動するが、**体重は「時間」と強い相関関係にある。**わかりやすくいうと、人生のさまざまな時期を通じて、体重変化は比較的安定しているのだ。

肥満傾向のある子どもは成人しても肥満になりがちで、やせた子どもは往々にしてやせた大人になる。そして、30歳の時点で肥満なら、60歳でもほぼ間違いなく肥満である。一般的に標準体重の人があるとき突然に肥満になることはなく、その逆もまたしかりだ。グラフのとおり、**生涯を通して体重の変化はきわめて安定している。**

体重は「ときどき」増える

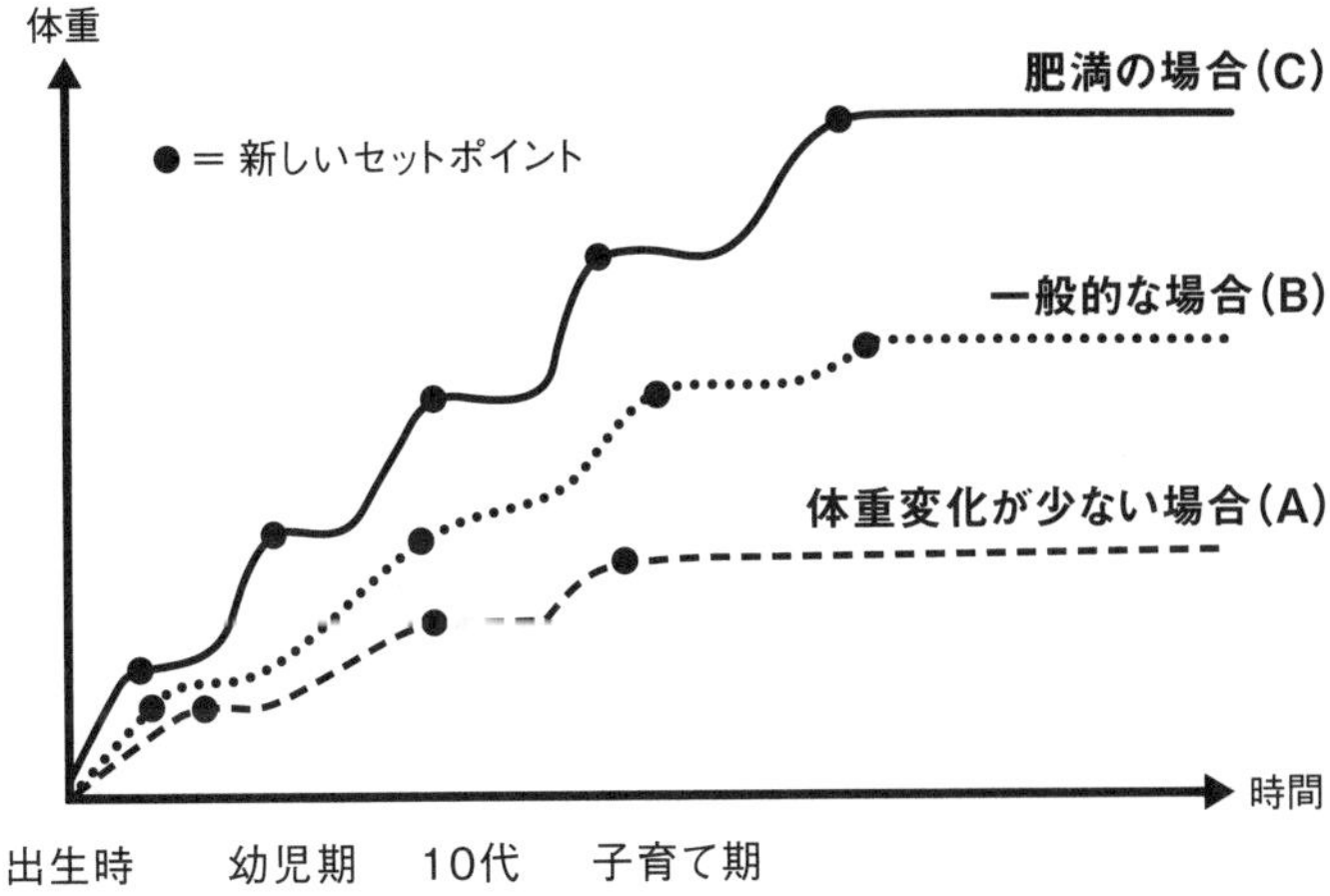

ところで、20代の頃と服のサイズが変わらない人がときどきいる。この場合、体重曲線は完全に水平で脂肪蓄積量は一定である(A)。しかし、多くの人は、わずかな傾斜がみられる(B)。**平均すると年200〜300グラム程度の体重増加**であるが、これは40年間で8〜12キログラムに相当する。

一方で、年間1〜2キロのペースで体重が増える人もいる。だが、そういう人の40年後の体重はどうかといえば、状況は最初の例と異なる。この場合、遅かれ早かれ体重の増加は横ばいとなる。

体重が多いほどその維持に必要なエネルギーも徐々に大きくなるからだ。

しかしほかの理由として、体重変化のダイナミクス、つまりさまざまなライフステージにおける体重変化に着目する必要がある。たとえば、20年前と比べ体重が20キログラム増えている場合、1年に1キロの直線的なペースで体重が増加しているということはまずない。

むしろ、**体重はときどき跳ね上がるのがふつう**で、何かをきっかけに比較的短い期間で急速に増加し、1年間で5～8キロ、ときには15キロ以上も増加する。この場合、**体のセットポイントが上方修正されたと考えられ、この新たなセットポイントに達すると増加は横ばいとなる（C）**。

では、このような急な体重増加の原因はなんだろうか。何がセットポイントの上昇を招くのだろうか。同じような経験がある人は、自分に置きかえて考えてほしい。体重が急激に跳ね上がり、短期間で数キログラムの体重増加を引き起こした犯人は誰なのか。

「転職」で脂肪が溜まる——原因は「意外」なもの

クリニックの患者たちに尋ねたところ、**ある時期に体重が跳ね上がった原因として、何らかの苦労やトラウマを挙げる人が多かった**。たとえば、「家のなかが散らかっていた」「学校でいじめにあった」「転職した」「離婚問題を抱えていた」「両親が病気になった」というような出来事だ。こうした出来事が往々にして、体重増加のきっかけになっているこ

体重が増える人の特徴

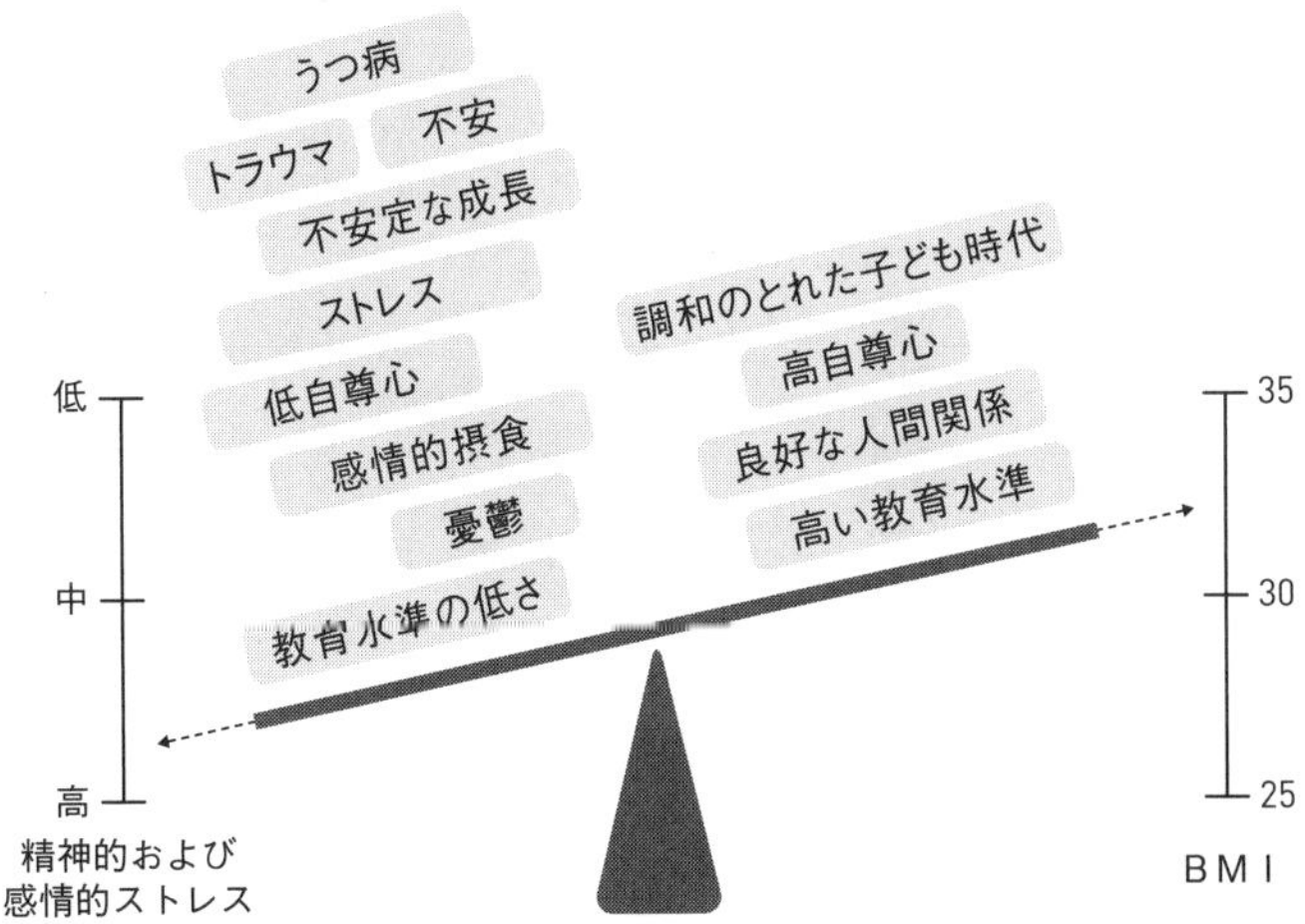

とがわかった。

では、どうしてこのような苦しい出来事が、セットポイントを引き上げたのだろうか？

ストレスや心理的要因が体に与える影響の大きさが解明されるにつれて、私たちの体の基礎は胎児期や幼児期に形成されるとわかってきた。そう考えれば、ストレスや心理的要因がセットポイントの引き上げに関係するのも当然ではないだろうか。その理由を説明するひとつが、**「エクスポゾーム」**（生涯曝露）である（詳細は4章）。

これは、有害な外的要因すべてが体に与える影響を評価する考え方だ。たとえば、環境毒素（妊娠中の母親の喫煙、ジャンクフードの添加物など）だけでなく、子どもの成長に関係するものや社会的要因、住環境、ライフスタイル、栄養不足、そして心理的要因も含むすべてが、疾病に関係すると考える。

まずは自分のことを分析してみよう。減量したいのであれば、挙げたような出来事が健康や体重に与える影響を理解するのが何より重要だ。あなたにも、何か心当たりはないだろうか？

生まれたときの体重が重かった人は、たいてい低年齢期に体重が急増する。ここからわかるのは、体が体重を増やす必要性を感じ、そのために適切な働きをしたということだ。環境や遺伝的要因が手伝えば、低年齢期の体重増加はいっそう起こりやすくなる。こうした人には、生まれつき脂肪を蓄積しやすい特別な能力が備わっていると考えられる。

小さな「悪影響」が次々と続く

脂肪を増やす必要性を認識すると、体は食欲増進ホルモンの分泌を高めるスイッチを押して、食べる量を増やしたり代謝を引き下げたりする。そして最終的には、体が求めるとおり、大きなエネルギー貯蔵庫が誕生する。

一方、逆説的ではあるが、肥満の人は満腹ホルモンであるレプチンの濃度が標準体重の人より高いが、満足感は肥満の人のほうが得られにくい。これは、肥満の人の体のなかで、いわゆる「レプチン抵抗性」（レプチン濃度を感知する脳細胞の細胞壁がレプチンを遮断する現象）が生じているからだ。脳が以前のようにレプチン濃度を感知できず、満腹感を得る能力が鈍くなるため、食べる量が増えて体重が増加する。

一部の研究では、レプチンの遮断がインスリン濃度の増加にある程度影響していることがわかった。インスリンは糖分の多い食物を摂取したときだけではなく、体重が増加して座りがちな生活になった場合にも上昇する。このように、インスリンにも影響している様子は、ひとつのブロックが倒れることでほかのブロックも倒れていくドミノに似ている。

肥満状態の体は、繰り返しみずからの体を強化しているともいえる。いわば悪循環に陥った状態であり、さまざまな課題が次々と発生していくのだ。

そのため、悪循環の出発点となる問題を防ぐことが肝心だ。最初のドミノブロックが倒れるのを防がなければ、連鎖的に問題が生じることになる。レプチン抵抗性も、こうした連鎖の結果のひとつにすぎない。一度問題が発生すると、丘を転がりはじめた雪玉のように、徐々に大きくなって止められなくなってしまう。

ここでひとつはっきりさせたいのは、**たとえ体重増加につながる遺伝形質やつらい経**

験、出生時の高体重といった条件を備えていたとしても、高カロリーの誘惑に負けさえしなければ肥満になることはないはずだということだ。

しかし私たちの社会は、手軽で、安価で、いかにもおいしそうで、癖になってしまうようなカロリーの渦に飲み込まれている。

Column

ストレスで体は「貯蔵モード」に

HPA軸［ストレスを受けた際に、視床下部（Hypothalamus）から脳下垂体（Pituitary）を経て副腎（Adrenal）にいたる一連の内分泌反応］はストレス軸とも呼ばれ、ストレスレベルをコントロールするシステムだ。

HPA軸は、脳と副腎をつないでいて、副腎ではコルチゾール（ストレス調整ホルモン）が分泌される。このシステムは、その人の体験と生理機能を結ぶ主要な連結システムであり、言い換えれば、体と心を結ぶ重要な架け橋だ。

また**HPA軸は、消化や免疫防御、感情調節、エネルギーの貯蔵といったほかの重要なシステムにも大きな影響を与える。**つまり、**HPA軸は理想体重（セットポイント）も大きく左右する**ということだ。

ＨＰＡ軸は生存システムの重要な部分を担う。生活環境のなかで体に影響を及ぼす生理学的要因、とくにストレスの多い心理的要因が見つかった場合には、体はＨＰＡ軸の働きによって脅威や恐怖などに適応するための最適な状態になる。

わかりやすく説明すれば、恐怖を感じるとＨＰＡ軸が活性化し、コルチゾールが血中に放出される。このことによって、ハイオクガソリンとしてグルコースを利用して筋肉を動かせるようになるのだ。

ストレスを感じている状態が続くと、コルチゾールのレベルは長期間にわたって高いままになる。そしてコルチゾールのレベルが上昇すると、体、とくに脳がストレスを感じる。このことは、ストレスが精神疾患や認知能力の低下に関係していることの説明になるだろう。

ストレスの原因が物理的なもの（騒音やけがなど）なのか、それともトラウマや不安定な生育環境、試験結果を待っているときの不安など心理的・感情的な性質かは、それほど重要ではない。**HPA軸はそうした原因の性質と無関係に活性化する。**

また、慢性的にHPA軸が活性化されるもうひとつの重要な要因として、**「社会的階層の低さ」**がある。これは、貧しい地域でよく見られる疾患のおもな原因だ。また、体重に関してハラスメントを受けた人の精神疾患と社会階層にも、関連があるとされている。

■ママのストレスが「子ども」に伝わる

妊娠中の女性がストレスを強く感じたりうつ病に罹患《りかん》したりすると、**生まれてくる赤ちゃんのHPA軸は通常より活性化する**ことがわかっている。将来、感情コントロールや精神の健康状態に問題を引き起こす可能性がある。

子どもが長期にわたり、とくに生後1年間で、両親のぬくもりやサポート、愛情、親密さなどが足りず深刻なストレスを感じると、HPA軸も多かれ少なかれ活性化する。**幼児期に強いストレスを受けるとストレスに対して敏感になり、大人になってもその傾向が続く**という例が数多く報告されている。

興味深いことに、人生の早い段階である程度のストレスを受けると、成人と同程度のストレスへの内部抵抗力が生まれる。この抵抗力は、子どもが家庭や社会とどのようにかかわったかによっても差がある。
したがって、人生の初期に受ける「長期にわたる強いストレス」こそが、成長、健康、感情コントロール、精神疾患、認知能力、そして体重に、劇的かつ破壊的な影響を及ぼすのである。

ダイエットで「セットポイント」が上がる

皮肉なことに、**ダイエットをすることでもセットポイントが上がってしまう。**

生物には個体差があり、肥満に関してもそれは同じである。つまり、生物学的に減量しにくいタイプの肥満が存在する。

そういったタイプの場合、保有する脂肪量があまり変化しないことがある。これはどのような肥満のタイプかによっても異なる。たとえば成人以降に肥満となり、そのおもな原因が不健康な食習慣と運動不足であれば、小児期からの肥満と比較すると脂肪細胞の数が大幅に少ないため、減量しやすいだろう。

その反対ももちろんある。幼児期から肥満で、脂肪細胞数が標準と比べて著しく多く、そのうえ強い遺伝的な干渉がある場合（つまり親族、とくに両親が過体重の場合）、減量はむずかしいといえる。

ライフスタイルや遺伝的性質のほかにも、ストレスや心理的要因は体に作用して余分な脂肪を蓄えさせる。いくつかのリスク要因が相互に作用していたり、先天的な問題を抱えていたりする人は、こうした心理的な要因に大きな影響を受ける。またこうした影響は、ホルモンの成分濃度や、肥満を一定レベルに維持しようと働く脳の変化（たとえば食べ物を食べたときや、おいしそうな食べ物を認識したときの、脳内の味覚および報酬中枢の活性化）に表れる。

体が体重を調整する働きは、減った分だけを取り戻すというような単純な現象ではない。20％の範囲で調整する（10キログラム体重が減少したら2キログラムだけ取り戻す）人もいれば、50、70、90、１００％の人もいて、範囲はさまざまだ。

「ダイエットをすることでセットポイントを引き上げてしまうのではないか」と思う人もいるだろう。おそらくそれは正しい。なぜなら、**体が苦しいダイエットを「命の危機」だと判断して、もっと脂肪を蓄積しなければと反応するから**だ。

頻繁にダイエットをする人には、それがとくにあてはまる。セットポイントが上がると脂肪の蓄積が優先されるので、脂肪ではなく筋肉からエネルギーが消費される。極端なケースでは、十分な栄養を摂取できず、しかも座りっぱなしの生活によって筋肉量が減少してしまう。

多くのダイエットが短期間しか続かず、結果的に健康状態の悪化を招いてしまうのも不思議ではない。

「自然にやせる」がいちばんいい

私は、特別なことをしなくても誰もがセットポイントを引き下げられると確信している。少なくとも、体の機能に逆らって汗や涙を流すことなく体重は大幅に下げられるはずだ。

たしかに、体は体重が減ることに強く抵抗するが、激しいダイエットをして空腹のあまり死にそうな状態になったときでさえ、体が体重を減らそうとしないのはなぜだろう？

もしあなたが、体の仕組みに逆らってダイエットしているなら、体に寄り添い、体のために取り組むことを心がけてみよう。そうすれば、体の声が聞こえてくるはずだ。そのためにまず、体が余分なエネルギーを蓄える理由を理解しよう。

次に挙げる3つの減量方法を見ていただきたい。余分な体重を求めたがる体の声を自然な形でなだめるヒントが隠されている。

1　ホルモンを中心とした方法——胃バイパス手術

胃バイパス手術は究極の解決策ではない。入念な医療的判断にもとづいて行われ、術後は長期にわたる管理が必要だ。しかし、この手術によって、ホルモン（とくにグレリン）と食欲をコントロールできるので、長期的な効果が見込めるのは間違いない。

さらにこの手術は、「あらゆる減量手段を試みたものの結果が出なかった」人にも効果がある。バイパス手術を受けた人の多くは小児期から肥満に悩んでいるので、先天的な制約を受けている。この手術によって、体のホルモン制御と本来の体重コントロールの働きを抑えられるので、効果的な減量が可能になる。

重要なポイントは、もし胃が元に戻ってしまえば、体重も確実に手術前に戻ることだ。そのため、バイパス手術がセットポイントの引き下げに影響を与えることはない。

2　「食欲」の無視

全米体重管理登録簿に名を連ねる人々は、また違った方法で長期的な減量に成功している。彼らは生活習慣を根本的に変え（一日あたり60〜90分の運動、低カロリーの食事、定期的な体重測定、日誌の記入など）、大幅に体重を減らしたのち、それを維持している。

まさにダイエットの成功者といえるだろう。

しかし、彼らのライフスタイルに楽しさを見出すのはむずかしい。彼らは厳格な管理とルールに従い、とくに食べ物に関しては厳しい制限を課している。まるで、つねに鞭をもったまま用心を怠らず、ライオン（体の防御システム）を抑え込んでいるかのようだ。気をゆるめたとたん、ライオンは解き放たれてしまう。

胃バイパス手術と同じく、この場合もセットポイントの引き下げには成功していない。代わりに、彼らは体が発する空腹シグナルを無視するすべを身につけたのだ。だが、痛みを忘れたわけではない。食欲のシグナルの強さを考えれば、ライオン使いにとってはけっして安心できる状況ではなく、苦痛が大きいほど長続きはしない。

食欲に抗えなくなったとき、ライオンは目を覚まして檻の外へと出ていくだろう。

3 体重を落とす「自然な方法」

長期的な減量維持に成功した第3のグループがある。このグループに関する研究はまだ不十分で、ほとんどはクリニックのなかで語られる個人の逸話がもとになっている。

こうした話は臨床研究の対象にならないと考えられがちだが、実は示唆に富み、人間の体の仕組みを解明する貴重な手がかりとなる。また、そのなかで語られる個人の経験は、さまざまな現実を教えてくれる。たとえば、やせるために一般の人々が何をしているかといったことは、実のところ研究ではわかりにくいのだ。

こうした逸話は、自己分析によって自分がなぜ肥満なのかを考え、そのさまざまな原因、**とくに心理的要因と肥満の複雑な関係を自問自答した人によって語られる。**

彼らは、体が発する声に耳を傾け、そのシグナルの意味を理解し、これまでの人生で経験した苦しい出来事を感情的かつ心理的に消化したのである。彼らは、広範囲にわたる心の問題と向き合ったとき、ついに肥満の原因を理解した。そこにたどり着くまでには長い時間がかかったかもしれないが、そのあとは**体が自然に「解放」されたかのように、体重が徐々に減っていった**という。

食習慣が変わったりストレスホルモンが減少したりすることによって肥満が解消されていったのだ。

このことは、肥満の心理的な原因を追究し、不健康な食習慣や依存症に問題があると理解することによって、体が余分な体重を求めた原因を取り除くのに成功したといえる。

彼らはセットポイントを低下させることもできたようで、体重が徐々に減少している。多くのケースで30、50、または70%も体重が減っていた。こうした変化は、肥満の原因が過去のトラウマや虐待にあり、その影響が長年にわたって続いていた場合に、とくにあてはまる。

トラウマと重度の肥満は、多くの人が想像する以上に深くかかわっている。

スウェーデンの肥満のケースにも同じ関連性が認められるが、トラウマや虐待の多くは記録には残らない。トラウマを経験した人が必ず肥満になるとはかぎらないが、リスクが高まるのは否めないだろう。

高出生体重や幼少時代の苦しい経験、社会的セーフティーネット不足といった条件が、肥満のリスクを高めるのだ。

あなたがもし、自然な方法で体重を落としたいと思っているなら、自分自身と向き合ってみてほしい。

肥満を引き起こした原因と、なぜ体が余分な脂肪を蓄えることが「必要」だったのか、その理由を知ることが重要だ。

Column

細胞に糖を入れる「インスリン」

「インスリン」は膵臓《すいぞう》から分泌されるホルモンで、細胞が血糖を吸収し、燃焼してエネルギーになるように働きかける。

インスリンの作用によって、血中のグルコース［ブドウ糖］は正しくコントロールされている。たとえば、炭水化物を食べると血糖値が上昇するが、インスリンの分泌が増えることでグルコースは正常な水準まで下げられる。

しかし、血糖値が下がると、甘いものがほしくなったり空腹を感じたりして食べてしまい、インスリンがさらに分泌されるという新しい循環が始まる。この血糖値の変動によって、甘いものを食べたり衝動食いしたりするリスクが高くなり、負のスパイラルに陥りやすくなる。こうしたことから、インスリンは体内のさまざまなシステムにかかわっていて、体重増加に関与するホルモンといえる。

そのため、理想の体重を手に入れるには、砂糖や精製された炭水化物をたくさん含む食品を控えてインスリンをきちんとコントロールすることが重要になる。あまり血糖値が変動しなくなり、甘いものがほしくなることが減るからだ。

一方、「インスリン抵抗性」は低下したインスリンの効力を補うべくさらにインスリンを分泌させ、体重増加を招く負のスパイラルに陥らせる。そのため、体重増加と悪循環のリスクをともなう。

この負のスパイラルを打破するには運動が効果的な方法だ。また、血糖値を安定させるために、低GI食品をとるようにして、規則的な食事を心がけることも必要である。

こうしたことを心がければ、インスリンを健康的なレベルに保ちやすくなる。

4章 「根本」を解決する

減量&ノーリバウンドの正解

医学の父と呼ばれるヒポクラテスは、名言を生み出す名人だった。彼は正真正銘の賢者であり、豊富な知識をもっていた。彼の助言と洞察は、いまなお現代に息づいている。「健康になりたいのなら、まずは病の原因を取り除く準備ができているかを自分に問いなさい」という健康の秘訣は、すばらしい名言のひとつだ。

だが驚くべきことに、今日、大学の医学部のようなアカデミックな場では対症療法を中心に教えていて、ヒポクラテスの知恵はほとんど廃れてしまっている。広範囲にわたり進歩した「現代のヘルスケア」が、ヒポクラテスの言葉を取り入れていないのは残念だ。

病気の多くは社会的要素やライフスタイルに原因があり、そこに生物学的・遺伝的な形質が結びついている。そのため本来は、健康な生活習慣を手に入れるための支援などが必要なのだが、たいていのヘルスケアは対症療法に終始し、病気の原因には無頓着だ。

2型糖尿病やうつ病、高血圧のような疾患に対する投薬治療はその典型といえる。投薬で血糖値が下がっても、その背後にある座りっぱなしの生活、喫煙、ジャンクフードといった真の原因に関しては何の役にも立たない。

問題の「蛇口」を閉める

社会疫学の分野で有名な私の同僚マイケル・マーモットは、「私たちは患者の治療をしてから、病気を生んだ環境に戻しているだけだ」と現代のヘルスケアの状況を的確に言い表した。

つまり、対症療法には一定の効果はあるものの、根本解決にはならない。たしかに、その時々に応じた症状の緩和は必要だ。足を骨折すれば、松葉杖は欠かせない。だが、病気の根本的な原因に目を向けることも必要である。

対症療法という考え方は、多くの理由からベストな選択肢とはいえない。対症療法は病気から解放してくれるわけではなく(たとえば、投薬を中止すれば血糖値の上昇は避けられない)、一生その治療に依存しなければならない。製薬会社の利益にはなるだろうが、はたしてあなたの健康にとって最適の戦略といえるだろうか。

あなたが乗っているボートに小さな穴があいているとしよう。スポンジで簡単に水を取り除けるが、穴はあいたままなので水は止まらず入ってくる。徐々に浸水はひどくなり、スポンジではどうにもできなくなる。やがてポンプを使わないと間に合わなくなる。そして、ポンプで汲みだせる量を上回れば、ボートは沈んでしまう。

初めから根本的な問題に取り組むほうが賢明であり、水漏れを一度で完全に補修できれば、ポンプに頼ることもなく、快適なボートの旅を楽しめたはずだ。

世界保健機関（WHO）の事務局長、テドロス・アダノム・ゲブレイェソスは、同じような考えを最近示している。具体的には、医療サービスは「蛇口を閉める」ことに注力し、「床をふく」のに費やす時間を減らしたほうがよい（less floor mopping, more tap turning）、と述べたのである。

世界規模で急速に増えている肥満や2型糖尿病、心血管疾患、精神疾患などのいわゆる非感染性疾患（若年死亡の原因の70%以上にものぼる）を踏まえての発言だ。

「自分」で解決する

ボートの話の核心は、「肥満の解消に直接関係しているのはあなたであり、積極的に取り組むのはほかならぬあなた自身である」という点だ。

さまざまな原因で病気にかかってしまう私たちにとって、個々人が健康的な生活を送るためのプランを自分で立てることは非常に重要だ。

現実的にいえば、**「ヘルスケア」はおそらくそれほど役には立たないだろう。**スウェーデンの医学生は、栄養と生活習慣に関する講義を平均して10～15時間受けている。だが、私たちの健康にとってこうした分野がどれほど重要かを考えると、まったくもってばかげた数字だ。

また、私が知る医師の多くは「蛇口を閉める」ために予防を推し進めたいと考えている。つまり対症療法ではなく、疾病の根源的な問題である社会的要因の解決を目標としているのだ。だが医師たちは、病院という官僚主義的で管理的な組織の壁にはばまれ、対症療法中心のヘルスケアのなかで萎縮している。

肥満の原因に焦点を絞るべき理由はもうひとつある。肥満の治療においては、患者が受け身になってしまいがちだということだ。

私たちは、運動や睡眠、疲労回復、とくに、よりよい食習慣に関してみずから進んで責任をもたないといけない。あなたのことをいちばんよく知っているのはあなたであり、不調の原因を解消するプロセスの中心にいるべき人物もあなた自身なのだ。

これはまさにヒポクラテスがいっている言葉にほかならない。何から始めたらよいかわからない場合には、8章のアドバイスを参考にしていただきたい。

つまるところ、体重と健康の鍵を握るのはあなた自身だ。

そして最初のステップは、なぜ肥満になったのかを解き明かし、何を取り除くべきかを知ること。あなたが願うのは、体重に左右される人生ではなく、体重をコントロールする人生のはずだ。

Column

甘いものが食べたくなるホルモン「コルチゾール」

主要なストレスホルモンのひとつである「コルチゾール」は、副腎で産生され、体を活性化するとともに、危険な状況にあったり恐怖を感じたりしたときに行動を促す働きをする。

そんなコルチゾールは、日常生活でささいなストレスを感じただけでも上昇する。たとえば、「職場の上司からメールが届いた」というようなことだ。仕事に重圧を感じているとき、列車がキャンセルされて待たなければいけないとき、保育園のお迎えの時間に遅れているときなどにもコルチゾールは上昇する。

ストレスを感じている状況が続くと、コルチゾールは疲労の一因となる。ストレスを感じた状態から十分に回復しないまま次なるストレスを感じると、コルチゾールが正しく機能しないためだ。**日に何度もストレスを感じる現代社会では、コルチゾールが慢性的に高くなる危険がある。**

とくに幼児期にストレスの多い時間を過ごした人は、成人してからもストレスに対して敏感になるので、コルチゾールの水準も高くなる傾向がある。このことは、疲労や倦怠感、精神疾患のリスクが増えることを意味する。悪いことに、コルチゾールの影響で、私たちは起こりうる活動に備えて甘くて高カロリーの食べ物がほしくなる。これが体重増加を招くことになるのだ。

また、**コルチゾールとインスリンの相互作用も、脂肪の蓄積を促す。**腹囲に危険な脂肪が蓄積し、ますます肥満体型化が進むことになる。つまり、**ストレスが多い人は、2型糖尿病や高血圧、脳卒中、心血管疾患などの代謝性疾患になる傾向が強い**といえる。

従来の説明では「無理」がある

ここでいったん、ある医学用語を紹介しておこう。**「エクスポゾーム」**（生涯曝露）という言葉だ。

エクスポゾームとは、**あなたがさらされたすべてのものの合計**をさす。言い換えれば、あなたの人生におけるリスクと健康要素の混合物だ。

胎児期の環境（母親の喫煙やストレスの影響）、出生時体重、環境毒素、成育環境（両親からのぬくもり、サポート、愛情を与えられて育ったか、またはその反対か）、生活習慣、教育、労働環境、人間関係、家庭の経済状況、地域の治安など、人が生涯のうちにさらされる環境要因の総体である。

私たちの体重は、周囲の環境に多大な影響を受ける。とくに、多感で他者への依存が強い成長期には、その傾向が顕著である。


ここで問題にしたいのは、人体はさまざまな臓器でできているにもかかわらず、大学の授業や製薬業界は人間と病気を細分化して考え、胃や心臓、肝臓、血液などを別々のものとしてとらえ、それらを結びつける「管」を無視していることだ。

だが、私たちはようやく「管」を無視する考え方を放棄しつつある。こうした説明モデルには限界があるからだ。

まずは、細胞の奥底にある「遺伝子」について取り上げてみたい。

体は「遺伝」する

遺伝子は、あなたの想像以上に体重の変化に大きくかかわっている。体重が増えやすい遺伝子をもつ人にとって、減量は簡単ではない。そのため、与えられた遺伝子と一緒に生きるすべを学ぶ必要がある。

遺伝子と体重の関係を研究する方法はいくつかある。一般的な方法は、異なる家庭、または同一の家庭で育った双子（一卵性、二卵性は問わない）、きょうだい、養子の体重変化を調べるというものだ。

こうした調査研究によると、**過体重の約半数が遺伝的要因に起因すると考えられるが、その値には30〜70%のひらきがある**という。

あなたの体や遺伝子は、当然ながら両親や祖父母の影響を受ける。そして、彼らがつねにたくさんの食べ物に恵まれていたか、または貧しく食べ物が乏しい状況におかれていたか、さらには彼らがどのような感情を抱いていたかといったことも関係してくる。そして、遺伝子が体重に与える影響は、脳やそのほかの器官への影響と同じように、人生の早い時期にとくに顕著に現れる。

過体重の原因の半分弱は遺伝的要因であり、残りは環境的要因だ。遺伝と環境の組み合わせが重要なことは明らかである。

では、私たちが生きる現代において、肥満のリスクを高めるものは何か。人生の早期に起こることを取り上げてみよう。

母親のストレスで「胎児の体重」が変わる

脂肪細胞数の増加をはじめ、体重を左右する条件は、私たちが母親の胎内にいるときから整いはじめる。重要なのは、母親の生活習慣（喫煙、食事・栄養状態、運動量）やストレスの度合いなどだ。

この分野で興味深い研究のひとつに、デンマークで行われた調査がある。研究者たちは、妊娠中に強いストレスにさらされた母親をもつ子どもの体重の変化に着目した。研究のために妊娠中の女性をストレスにさらすのは非倫理的なので、妊娠中に配偶者が死亡した女性――少数ではあるが――を特定し、調査対象とした。

妊娠中に配偶者が死亡するというのは、当然ながら母親の心に深い傷を残す。このような背景をもつ子どもを対象に、出生から10歳までの追跡調査が行われた。その結果、**この**

ような子どもは、同じような背景をもたない子どもと比べ、肥満を発症するリスクが2倍高いことがわかった。

調査結果は、母親のストレスが子どもに伝わり、おそらくは生涯にわたって影響を及ぼすことを示している。そして、私たちの大半はその事実に気づいていない。

もうひとつの肥満の重要な要因は、母乳育児の有無にある。母乳ほど健康によいものはなく、体重の増減にも大きな影響を及ぼす。いわば母乳は、自然の奇跡のひとつだ。

母乳の効果として、乳幼児の突然死や虫歯、糖尿病、喘息、感染症などのリスクを下げることが挙げられる。ほかにも、成人期の肥満リスクを下げることがわかっている。

その効果は非常に大きく、母乳で育った子どもの肥満リスクは、そうでない子どもと比べて20〜30%低いといわれている。母乳以外の要因、たとえば子どもの両親の教育水準などもかかわっているとはいえ、驚くべき数字だ。

また、母乳には腸内細菌を活性化するすぐれた効果があるが、**それ以上に重要なのは、母親との自然な接触（身体的、感情的）**だと考えられる。

もちろんこれに関しては、いまのあなたにできることはない。しかし、自分ではコントロールできない肥満の要因が数多くあることを知れば、少しは気持ちが軽くなるのではないだろうか。

肥満研究者が出した結論

過去5年間にわたって私が行ってきた研究結果をみると、**肥満の人が取り組むべき課題は「ストレス」だと考えられる。**実際、そう言い切れるだけの十分な研究成果も得られている。

さらに、研究者として「社会階層と肥満」（詳細は１１０ページ）というように、肥満の背景にあるさまざまな要素間の因果関係にも着目してきた。

私は早い段階で、ストレスと肥満の関係には掘り下げるべき課題が多いと気づいていた。それは２０１３年の春にさかのぼる。

カロリンスカ病院のスタッフルームで数時間かけて統計分析を行った私は、いくぶん疲労を感じながら紅茶を淹《い》れようとしていた。するとベテラン看護師のひとりが室内に入ってきた。彼女は新しい若い患者の最初の診察を終えたところだったが、疲れ切って沈んでいるようだった。患者の重く暗い生い立ちを聞いたそうだ。いかに臨床経験が長くても、そのような重く暗い話が体のなかに忍び込んでくるのは避けられない。彼女のような経験豊かな病院看護師でも、影響を受けてしまう。

このとき私は決心した。ストレスと肥満の関係を調べよう、と。

それまでの15年間、私は肥満の臨床研究に専念してきた。多くの肥満患者と定期的に接するなかで、臨床で耳にする患者のエピソードは――もちろんなかには似たような話もあったが――さまざまな可能性を秘めた宝の山であり、ていねいに耳を傾ける価値があると常日頃考えていた。

けれども私は、何年にもわたって、集めれば相当な高さの山になるこれらのエピソードをマットの下に掃いて捨てていたのである。だが２０１３年の春、ついにそのマットにつまずいた。行動を起こすべきときが来たのだ。

そのときの私はかなり焦っていた。答えが見つかるまでに何年もかかるような大がかりな研究に手をつけたくはなかった。

ただ、体系的な文献調査をしたうえで、メタ分析から取りかかるのはいいかもしれないと思った。メタ分析とは、特定分野に関する既存の研究結果を組み合わせる分析方法だ。既存の結果を活用することですぐれた洞察が得られる。

善は急げだ。その年の夏休みまでに、幼児期の多様な悪条件（明らかなストレスの要因）と体重の変化との関係について調査することにした。そこで見つかった情報をまとめ、秋からは、過体重の人が標準体重の人よりはるかに厳しい幼児期を送っているという仮説を、年間を通じて聞き取った患者の生活歴と照らし合わせて検証した。

この仮説が正しければ、一般的に認識されているカロリーモデルは破棄されるか、少なくとも大幅に修正されることになる。

愛情不足で育つと肥満リスク10倍に

メタ分析を始めて最初に出会った研究のひとつは、ずっと以前に出版された医療関連ジャーナル紙『ランセット』に掲載されたものだ。

ふたりのデンマーク人研究者が見つけたことは、じつに驚くべき内容だった。インゲ・リサオとトーキル・セアンセンは、**両親から愛情や安心感を与えられていない疑いのある子ども（10歳）の調査を行い、10年後（つまり20歳のとき）の彼らが肥満になるリスクが通常の10倍近いことを突き止めた**。幼児期の経験は、驚くほどの影響力をもっている。肥満の原因はカロリーだけではないのだ。

イエテボリ大学のスウェーデン人研究者パール・ビヨントルプも、さまざまな形態のストレスおよびストレスホルモンが肥満と密接に関係していることを発見した。このことはすでに実証されているのだ。

2013年秋、私はこの分野に関する記事探しに没頭し、それらをまとめる作業に着手した。ストレスと肥満の因果関係は明らかだった。

標準体重の人と比べて、肥満の人は幼児期にストレスやそのほかの悪条件にさらされている場合が多かった。それがどのような悪条件だったかにかかわらず、肥満の発症リスクが高くなっていたのだ。

さらに、それらの悪条件の程度が過酷で頻度が高いほど、肥満のリスクも大幅に上がることがわかった。

あなたには「圧力」がかかっている

私は長い間、コルチゾールのようなストレスホルモンが肥満発症の鍵を握るという理論を信じてきた。もともとはイエテボリ大学の同僚の研究に沿ったものだったが、いまやみずからの研究を通してその理論を確信するにいたった。私はそれまで以上に研究作業に没頭した。

いささか暗い研究テーマだったので、2014年の春に研究内容が出版され、さらにはスウェーデンの有力紙のひとつで取り上げられたときは非常にうれしく、また安心したのを覚えている。だが、何よりうれしかったのは、多くの人々が、カロリーとの終わりのない戦いを続けることなく肥満を克服できる道を拓けたことだ。


成長期の子どもは、社会階層や、自分を取り巻く環境要因から大きな影響を受ける。このことは、肥満と環境が密接に関係する証拠といえるだろう。

裕福な環境で育てば、基本的な安全が確保されている。反対に治安の悪い地域では、貧困が個人だけでなく家族全体に影響を与えるため、両親の離婚や虐待などを引き起こすことになり、それらの生育条件の悪化が心理的および生理学的な影響を及ぼす。食べるものや食習慣にも悪影響を及ぼすため、子どもの基本的な安全性は満たされない。


ストレスは肥満を語るうえで非常に大きなテーマだ。そして、メンタルヘルスを健康的に維持するには、ストレスを理解しコントロールすることがきわめて重要である。

しかし、持続的なストレスが肥満も含めてどんな問題を引き起こすのか、ジャンクフードばかり食べるような食生活や精神疾患、薬物乱用といった問題と合わさって肥満にどん

サンマーク出版 50
ロング・ベストセラー

ご希望の本がお近くの書店にない場合は、小社までご注文ください。(送料別途)

ご注文はインターネットでも承ります　https://www.sunmark.co.jp

〒169-0075 東京都新宿区高田馬場 2-16-11
tel.03-5272-3166　fax.03-5272-3167

よけいなひと言を好かれるセリフに変える言いかえ図鑑

大野萌子 著

2万人にコミュニケーション指導をしたカウンセラーが教える「言い方」で損をしないための本。人間関係がぐんとスムーズになる「言葉のかけ方」を徹底解説!

定価= 1540 円(10%税込) 978-4-7631-3801-9

ぺんたと小春《こはる》のめんどいまちがいさがし

ペンギン飛行機製作所 製作

やってもやっても終わらない!
最強のヒマつぶし BOOK。
集中力、観察力が身につく、ムズたのしいまちがいさがしにチャレンジ!

定価= 1210 円(10%税込) 978-4-7631-3859-0

ゼロトレ

石村友見 著

ニューヨークで話題の最強のダイエット法、ついに日本上陸!
縮んだ各部位を元(ゼロ)の位置に戻すだけでドラマチックにやせる画期的なダイエット法。

定価＝1320円(10%税込) 978-4-7631-3692-3

生き方

稲盛和夫 著

大きな夢をかなえ、たしかな人生を歩むために一番大切なのは、人間として正しい生き方をすること。二つの世界的大企業・京セラとKDDIを創業した当代随一の経営者がすべての人に贈る、渾身の人生哲学!

定価＝1870円(10%税込) 978-4-7631-9543-2

スタンフォード式　最高の睡眠

西野精治 著

睡眠研究の世界最高峰、「スタンフォード大学」教授が伝授。
疲れがウソのようにとれるすごい眠り方!

定価＝1650円(10%税込) 978-4-7631-3601-5

子書店ですぐにご購読できます!
honto、BOOK☆WALKER、COCORO BOOKS ほか

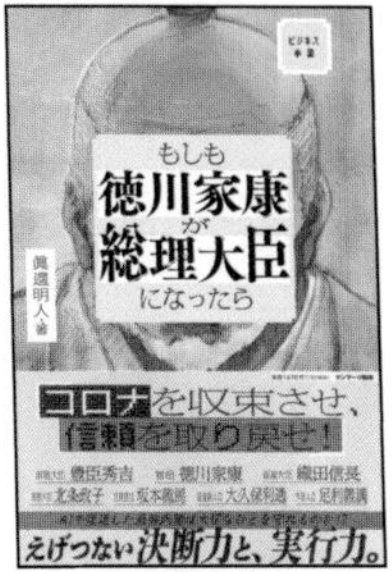

ビジネス小説　もしも徳川家康が総理大臣になったら

眞邊明人　著

コロナ禍の日本を救うべく、「全員英雄内閣」ついに爆誕！　乱世を終わらせた男は、現代日本の病理にどう挑むのか？　時代とジャンルの垣根を超えた歴史・教養エンタメ小説！

定価＝1650円（10%税込）978-4-7631-3880-4

コーヒーが冷めないうちに

川口俊和 著

「お願いします、あの日に戻らせてください……」
過去に戻れる喫茶店を訪れた４人の女性たちが紡ぐ、家族と、愛と、後悔の物語。
シリーズ100万部突破のベストセラー！

定価＝1430円（10%税込）978-4-7631-3507-0

血流がすべて解決する

堀江昭佳 著

出雲大社の表参道で90年続く漢方薬局の予約のとれない薬剤師が教える、血流を改善して病気を遠ざける画期的な健康法！

定価＝1430円（10%税込）978-4-7631-3536-0

いずれの書籍も電子版は以下の

楽天〈kobo〉、Kindle、Kinoppy、Apple Books、Book

らに、一冊のエネルギー。
Sunmark Publish!ng

Think clearly
最新の学術研究から導いた、よりよい人生を送るための思考法

ロルフ・ドベリ 著／安原実津 訳

世界 29 か国で話題の大ベストセラー！

世界のトップたちが選んだ最終結論―。

自分を守り、生き抜くためのメンタル技術！

定価＝ 1980 円（10%税込） 978-4-7631-3724-1

すみません、金利ってなんですか？

小林義崇 著

実生活で必ず見聞きする「お金の話」が 2 時間でざっとわかる！

世界一・基本的なお金の本！

定価＝ 1430 円（10%税込） 978-4-7631-3703-6

見るだけで勝手に記憶力がよくなるドリル

池田義博 著

テレビで超話題！1 日 2 問で脳が活性化！

「名前が覚えられない」「最近忘れっぽい」

「買い忘れが増えた」

こんな悩みをまるごと解消！

定価＝ 1430 円（10%税込） 978-4-7631-3762-3

な影響を与えるのか――私たちが知っていることはほんのわずかだ。私の研究の目的は、長期的に続くストレスの影響を解明することに尽きる。とくに、体や脳がもっとも発達する幼児期におけるストレスの影響がおもな研究テーマだ。

ストレスを感じているのは、けっしてあなただけではない。2010年だけでも、持続的なストレスに起因する病気の罹患数は、女性で前年比6倍、男性で4倍ほど増加している。現代社会では、私たちはさまざまな方向から与えられる圧力で文字どおり粉々にくだかれ、それは子どもであっても例外ではない。

「脳」や「末梢神経」に影響が及ぶ

歴史的に見れば、私たち人間が生きていられるのはストレスのおかげである。ストレスが私たちの潜在能力を解放するからだ。

それは、サバンナで猛獣に襲われたときに懸命に木によじ登ることに似ている。

問題はストレスそのものではなく、睡眠や安息の時間が減るために疲労回復できないことにある。

ときどき休むことができれば、ストレスはかなり解消できる。その回復の重要性を、輪ゴムにたとえてみよう。

輪ゴムの弾性は伸ばされている時間が短いほど強く、長時間伸ばしたままにすると弾性が失われ、もろく、弱くなる。その状態がさらに続くと、乾燥してちぎれてしまう。私たちの体には輪ゴムのような自然な回復力はないので、いったんだめになると回復するまでに時間がかかる。伸びきった輪ゴムのように、疲労回復できないまま燃え尽きれば、立ち上がれなくなってしまう。

ストレスとうまくつきあう鍵は、輪ゴムの正しい使い方にある。集中的に使えばその働きを十分に発揮できるが、そのあと休息が必要になる。つまり、きちんとストレスをコントロールして、体の働きを維持できるかどうかにかかっている。

現代社会で問題なのは、多くの人が十分な休息をとれず、輪ゴムを伸ばしすぎていることだ。不安定な成育条件で育った人の場合、落ち着いた条件のもとで育った人と比べて、ストレス負荷が大きくなる可能性がある。**幼児期の経験は消えることなく、脳や末梢神経に影響を与えつづける。**そのため、いっそうストレスが誘発されやすい状態になっているのだ。

これは、長期的に感じるストレスの形のひとつといえるだろう。

「ジャンクフード」は人を安心させる

「コルチゾール」は、ストレスが肥満と関係していることを示す明確な証拠のひとつだ。

コルチゾールとは、ストレスを感じたときに産生されるホルモンである。あなたにとって（そして人類にとっても）残念なのは、**ストレスを感じてコルチゾールが産生されると、体が欲するのはニンジンではなくジャンクフード**だということだ。

ジャンクフードには砂糖や脂肪、塩、そのほか脳内でドーパミンを産生するものがぎっしりと含まれている。そのためジャンクフードは、あなたをリラックスさせ、繰り返し心地よく感じさせてしまうのである。


ストレスを感じた際、一般的な人に比べて脳内で多くのコルチゾールが産生される人がいる。これは、多様なストレスケースの模擬実験を通じてわかったことだ。

たとえば、白衣に身を包んだ強面《こわもて》の専門委員の前で数学の計算を解くという実験で、ある人には実験の間叱責を与えつづけ、ある人には「残りあと5分」といったように時間を知らせるようにした。これらのケースにおいてはたいていの被験者がある程度ストレスを感じるものの、コルチゾールの濃度がつねに上昇するとはかぎらなかった。

しかし、なかにはコルチゾール濃度が上昇する人もいた。

自分を守るために「お腹」に脂肪がつく

コルチゾール濃度の上昇は、模擬実験以外の場面にも当然あてはまる。テスト期間中の学生や、子育て中の親、仕事でストレスを感じている人などは、同じような状況に陥りやすい。さらに複雑なのは、**インスリンとコルチゾールの相互作用によって、脂肪細胞が多くの脂肪を蓄積する**点だ。とくに胴回りの脂肪細胞はその働きが顕著である。

ストレスを感じたとき、私たちは甘いものがほしくなる。しかし、糖分を摂取すればインスリンが上昇しコルチゾールの分泌水準も通常より高くなるため、脂肪が蓄積されやすくなってしまう。

ダイエットをしている人はとくにストレスの影響を受けたくないと思うだろうが、胴回りに脂肪が蓄積されるプロセスは理にかなった体の働きとして受け入れざるをえない。

ストレスとは、危険な状況に対する自然な反応だ。生き残るために、体は自己防衛として燃料を筋肉へ送る。そして、**その後も生存を続けるために、余ったエネルギーをアクセスしやすい場所に蓄積する。**

血管が多く、ヒップよりもアクセスしやすいお腹や大きな臓器のまわりに脂肪が蓄積されるのはこのためだ。

砂糖を食べると「もっと」食べたくなる

これまで見てきたことから、体のエネルギー調節における初期の乱れ（いわばドミノ倒しの1個目）を防ぐことがきわめて重要だとわかるだろう。結局、そのあとに起きることの多くは、1個目のブロックが倒れたことによる結果にすぎない。

生活習慣と体の働きは密接に関係しており、どちらが先かを一概に決めつけることはできない。

コルチゾール、インスリン、グレリン、レプチン、ドーパミンといったホルモンは、生活習慣の形成に大きくかかわっていて、とくにその影響は幼児期に顕著に現れる。つまり、今のあなたの生活習慣は、多くの生物学的基本条件に影響されているといえる。

生まれたときにもっている脂肪細胞の数や、0歳のときの脂肪細胞の成長速度が、生涯にわたってあなたの生活習慣を左右するのだ。

基本的な生活習慣と行動パターンが幼児期につくられ、成人期に引き継がれるのは至極当然のことだ。そしてこれは、**食事や味の好みに関してはとくにあてはまる**。子どもの頃に慣れ親しんだ食事や味の好みは、大人になっても変わらないものである。

また、脳は外部からの刺激をもっとも受けやすい臓器であり、家庭環境から受ける影響は計りしれない。

過酷、もしくはストレスの多い状況（家庭が経済的に苦しかったり不安定だったりして問題がある場合など）に置かれると、子どもは精神的に悪い影響を受け、失望や怒り、憂鬱、不安、さらには孤独感といった否定的な感情を抱くようになる。

子どもは、不安定な精神状態に対処するために最善をつくす。だが、内面的な抵抗力や自尊心、そのほか具体的に対処する力が十分に発達していないために、目の前にあるものにしがみつき、夢中になる。そのわかりやすい例がお菓子やソフトドリンク、いわゆる「ジャンクフード」だ。

こうした食べ物は急速なドーパミンの上昇を招き、脳を落ち着かせ、不快感を和らげる。砂糖がたっぷり入ったジャンクフードは子どもが大好きな味だ。その効果には即効性があるものの、短時間で効き目は薄れる。そのため、**砂糖によってインスリンが上昇したあとに血糖値が低下すると、こうした食べ物への欲求がふたたび高まる**。

不安を打ち消すためにジャンクフードに手を伸ばすといった、子どものこの種の行動は一夜にして生まれるものではないが、すべての親が意識しておくことが大切だ。

少しのジャンクで「依存レベル」になる

ジャンクフードやソフトドリンクで手っ取り早く気持ちを満たそうとする欲求は、子どもの脳と生活習慣の形成に大きな影響を与える。不安や悲しみや退屈を感じているとき、キッチンに行くだけで気分が変わることを子どもは知っている。

このような行動パターンは依存症に近く、少なくとも強い習慣性を生む。そのため、**スナック菓子やケーキやアイスクリームは子どもの手が簡単に届かないところに置いたほうがいい。**

簡単に欲求が満たせる状況下におかれると、子どもはますます多くを求めるようになる。このような摂食パターンでは、精神的な安心感こそ得られるものの、感情を制御するのがむずかしくなる。

長期的に見ると、子どもをきちんと教育して悪循環を断ち切らなければ、行動は少しずつエスカレートし、あっという間に体重が跳ね上がってしまう。

癒やしを求める傾向が強い子どもは、大人になってからもジャンクフードを好んで食べる。だが、もっと強力な癒やしのもとがある——アルコールや薬物だ。依存症の始まりはささやかな甘いもの、その後はより大きく、重く、歯止めが利かないものになっていく。子どもたちが依存する物の多くは、ちょっとした病気を自分で治すセルフメディケーションとはわけが違う。その効き目は破壊的で、しかもありふれている物のため、たいていは記録にも残らないから厄介だ。多くの場合、依存症の発端は幼児期までさかのぼり、その原因は誰もがもっている脆弱《ぜいじゃく》性にある。

そして、大人になってからささいなストレスが引き金になって、乱用が起きることになるのだ。

Column

「たくさん食べられる人」に肥満が少ない

肥満について議論するうえで、社会に存在する「格差」というテーマは避けて通れない。「肥満は贅沢病」と呼ばれるが、まったくの誤りだ。

さまざまな国の社会的格差と肥満の関係を見ると、関連性があるのは明らかだ。**格差の大きいアメリカやイギリスといった国が肥満の統計で上位に名を連ねる一方、下のほうに**

郵便はがき

料金受取人払郵便

新宿北局承認

8763

差出有効期間
2023年 3 月
31日まで
切手を貼らずに
お出しください。

169-8790

154

東京都新宿区
高田馬場2-16-11
高田馬場216ビル 5 F

サンマーク出版愛読者係行

ご住所	〒　　都道府県
フリガナ	☎
お名前	(　　)
電子メールアドレス	

ご記入されたご住所、お名前、メールアドレスなどは企画の参考、企画用アンケートの依頼、および商品情報の案内の目的にのみ使用するもので、他の目的では使用いたしません。
尚、下記をご希望の方には無料で郵送いたしますので、□欄に✓印を記入し投函して下さい。
□サンマーク出版発行図書目録

1 お買い求めいただいた本の名。

2 本書をお読みになった感想。

3 お買い求めになった書店名。

市・区・郡　　　　町・村　　　　書店

4 本書をお買い求めになった動機は?

・書店で見て　　　・人にすすめられて
・新聞広告を見て(朝日・読売・毎日・日経・その他＝　　　)
・雑誌広告を見て(掲載誌＝　　　)
・その他(　　　)

ご購読ありがとうございます。今後の出版物の参考とさせていただきますので、上記のアンケートにお答えください。**抽選で毎月10名の方に図書カード(1000円分)をお送りします。**なお、ご記入いただいた個人情報以外のデータは編集資料の他、広告に使用させていただく場合がございます。

5 下記、ご記入お願いします。

ご職業	1 会社員(業種　　　)2 自営業(業種　　　) 3 公務員(職種　　　)4 学生(中・高・高専・大・専門・院) 5 主婦　　6 その他(　　　)		
性別	男・女	年齢	歳

ホームページ　http://www.sunmark.co.jp　ご協力ありがとうございました。

は格差が小さい国が並ぶ。

この問題について私が初めて読んだ論文のひとつは、ロサンゼルスのさまざまな地域で行われた子どもたちの肥満に関する調査だった。

ロサンゼルスは、アメリカのほかの大都市と同じく社会的格差がきわめて大きい。裕福で外見重視のビバリーヒルズの肥満率はわずか5％で、この数字は全国平均の約15～20％を大幅に下回る。一方、経済的に貧しいロサンゼルスの東部地区の肥満率はその8倍、40％にまで達する。驚きとしかいいようのない違いだ。これほど大きい差が存在するのはめずらしい。

潜在的な環境条件のなかに、こうした格差に拍車をかける何かが存在するのは間違いないだろう。

■なぜ「食べられない」ほうが太るのか？

スウェーデンの肥満人口はそれほど多くはない。だが、地域間の経済格差は確実に存在し、肥満人口の地域間格差も確実に拡大しつつある。

4歳児の人口に占める肥満割合は、所得水準の高いエステルマルム、リーディンゲ、ブロンマ、ダンデリッドでもっとも低く（6～8％）、所得水準の低いボットシルカ、ファールホルマン、テンスタ、リンケビーでは、17〜19％と高い水準にある。**低年齢での格差は小さいものの、成長するにつれて格差はどんどん大きくなる。**

このような格差が現れるのは、けっして不思議ではない。所得水準が低い地域ではジャンクフードのレストランが多くなり、公害や自然破壊などの環境問題も悪化しつづけ、基本的な安全性が低くなる。

また、教育水準が低い人は、健康管理や健全なライフスタイルに無頓着になりがちで、こうしたことを優先する時間的な余裕もない。

スーパージャンクフードは「中毒物質」である

テレビの料理番組でよく耳にするのは、「1＋1が3になった」というような味と味の〝運命の出会い〟に関するコメントだ。ふたつの食材を組み合わせたことで相乗効果が生じ、それぞれの味の合計よりずっとおいしくなったという意味である。

残念ながら、すべての相乗効果がポジティブな効果を生み出すとはかぎらず、その逆もある。**なかでもひときわ悪いのは、ストレスとスーパージャンクフードの組み合わせ**だ。

ストレスとアルコールや薬物、タバコなどの中毒物質との組み合わせも同様に危険で、言い換えれば、これは**スーパージャンクフードそのものがある種の中毒物質のような生化学的特徴をもっている証**ともいえる。

こうした中毒物質は、それぞれ単体であれば対処する方法はある。だが複数のものに同時に手を出してしまうと、話はすっかり変わってくる。

ストレスは肥満の要因のひとつではあるが、たとえばあなたが無人島で猛獣に襲われるかもしれないというストレスを抱えていたとしても、肥満になることはない。**なぜなら、無人島ではジャンクフードにありつけないから**だ。反対に、ジャンクフードとその広告がそこら中にあふれていたとしても、ジャンクフードを食べる必要性をまったく感じなければ、体重の増加には結びつかない。

問題は、ストレスの多い現代社会においては、健康的なメンタルヘルスを維持している人がほとんどいない点だ。とくに子どもの頃から大きなストレスを抱えている場合、その影響は大きい。

暗いニュースやネガティブな脚本のテレビドラマが流れる今日の社会では、悲しいことに私たちは危機から危機への綱渡りの日々を送っている。

「化学物質」を食べている

ストレスは、怒りや不安、落ち込み、無関心、欲求不満、自暴自棄、絶望などの否定的な感情の触媒として機能する。こうした否定的な感情を抱いていると、解消されないストレスのせいでさらに状況が悪くなってしまう。

スーパージャンクフードは、この種の不快感を和らげる手段としては手頃で、短期的に見れば効果的だ。おもに砂糖や脂肪、塩、化学物質、着色料、添加物など、一時的に安堵感を与える物質を脳から放出させるものがスーパージャンクフードには含まれている。

幸か不幸か、人間はパブロフの犬より賢い。

私たちは子どもの頃に、ジャンクフードを食べることで幸福感を感じられると学ぶ。疲れた幼稚園児がアイスクリームやお菓子をしつこくせがんできたときや、子どもにおやつをあげるときには、子どもたちにジャンクフードを与えないように注意が必要だ。

摂食促進ホルモンやドーパミンのような神経伝達物質を通じて、神経学的な報酬、つまり「満腹感」を得るという仕組みは、私たちの体に生まれつき備わったものだ。この仕組みは学習によって体に浸透し、生物学的、心理的、社会的な経験によって強化されていく。

私たちが食事をとるのは、たんに満腹感を得たり必要な栄養を摂取したりするためだけでなく、よろこびのためでもある。だが一方で、ストレスや疲労といった心理的要因に対処するために食事をとる場合も多い。結局のところ、**食べ物とは報酬システムに影響を与える化学物質**なのだ。

食べ物は心地よい感覚をもたらすが、私たちを取り巻く食べ物の状況はきわめて複雑だ。とくにジャンクフードは、私たちの食生活に深く入り込んでいる。

ストレスによってコルチゾール濃度が上昇しやすい人は、間食をとる割合が高いと研究で明らかになっている。食事の合間にカフェで食べるケーキなどは典型例だ。砂糖と精製穀物、あるいは砂糖と脂肪の組み合わせは、ドーパミンを上昇させ、ストレスを緩和する。

ジャンクフードが「コンフォートフード」と呼ばれるのも理にかなっている。ジャンクフードは私たちに短期的な心地よさを与え、脳はこの種の報酬をくれるものを求めるようにプログラミングされているのだ。

そのため私たちは、長期にわたってストレスを感じると、中毒性の高い、ある種の「濫用」ともいえる食事をするようになる。ストレスを感じているときの食事や、ストレスフルな一日を過ごしたあとの夕食ではジャンクフードをとらないよう心がけよう。

何より大事なのは、自分がストレスを感じていることを認識すること。ストレスのせいで問題のある食事をとってしまうことは、あなたが思っている以上によくあることだ。

肥満研究者がストレスで「チョコ」を注文した

2014年の秋、私はコペンハーゲンを訪れた。講義の前にソーキルド・ソレンセンに会い、研究について話し合った。彼は、思春期の初期ストレスと肥満の関係性を研究するパイオニアのひとりだ。

ちょうどその頃、私はその分野の研究をふたつ発表したばかりだった。彼は親切にも私を大学へ招き、講義を行う機会をくれた。すべてがすばらしく、貴重な経験だった。だが同時に、ある種のストレスも感じながら、準備に専念していた。講義と会議がすべて無事に終わり、ストックホルムへ戻る飛行機に乗ったとたん、私はストレスにつかまってしまった。飛行機のシートに腰を下ろすやいなや、巨大なチョコレートケーキをキャビンアテンダントに注文するという筋違いな行動に出たのだ。

ストレスと食欲の関連性に関する知識をこれだけ身につけていても、「報酬の罠」にはまるのを防げなかったのだ。

コルチゾールはドーパミンのようなホルモンと同じく、何を食べるのか、なぜ食べるのかといった点で重要な役割を担うが、これにはグレリン（空腹ホルモン）、レプチン（満腹ホルモン）、インスリンといったホルモンも大きくかかわっている。

また、ストレスやトラウマを多く抱える人は明らかにコルチゾールの影響を強く受けているが、脳が幼児期に形成されることを踏まえれば当然のことだろう。

つまり、**幼児期に大きなストレスを感じていた人は、大人になってからも「ストレスの敷居が低い」状態**だと考えられる。このような人はストレスに敏感に反応するため、砂糖の含有量が多い、もしくは砂糖と脂肪を組み合わせた食品に癒やしを求める傾向が強い。今日、ストレスを感じる状況があふれていることを踏まえると、数多くの人がジャンクフードを求めて駆け回り、脳が感じる不安を解消していても驚きはしない。

少しでもストレスを感じるときは、**「自分の行動の変化」**に注意を向けてほしい。ストレスを感じるのは、必ずしも何か劇的な出来事が起こったときとはかぎらない。たとえば、旅行しているとき、仕事が忙しいとき、たんに疲れていたりイライラしていたりするときにも、自分の行動に注意することが大切だ。

安くておいしくて、危険な食べ物

長期的に見て、体の強力な防御と体重調節メカニズムによって体重を減らすのが目的なら、カロリー制限はまったく役に立たない。

だが、それでもカロリーは体重増加の大きな要因である。これまでの章では、報酬志向に偏りがちな食事のパターンを問題にしてきた。次は高カロリーの食品が普及している現状について取り上げたい。

食品業界が「食品」と呼ぶものを、私は「ジャンクフード」と呼んでいる。なかでも「スーパージャンクフード」と呼ばれるものは人間にとってとくに有毒なため、7章であらためて取り上げることにしよう。その前に、ジャンクフードにたっぷり含まれる「ジャンクカロリー」が人々の口に入るまでの過程に焦点を当てていきたい。

いちばんエネルギー密度が高く、いちばんカロリーが高く、（多くの人によれば）いちばんおいしく、いちばん多く提供されている食品が、いちばん価格が安い。このことはまぎれもない事実だ。

かつては過剰な飲酒が原因で死にいたる人が多かったが、現代は食事が原因で亡くなる人が非常に多い。ジャンクフードの食べすぎは、現代における重大な依存症のひとつだ。

つまり、生きるために必要な栄養をとるのとはまったく性質が違うのである。

ファストフード消費量が「400%」アップした

ジャンクフードが急速に普及した背景には何があるのだろうか。これを理解するには、私たちの習慣がどのように変化してきたかに目を向ける必要がある。

大きな変化のひとつに、自分で料理をする機会が減ったことがある。私たちは食事の多くを外食に頼り、しかも多くの人が「ミシュラン」に掲載されているようなレストランではなく、ジャンクフードのレストランを好む。

この背景には、多くの人がジャンクフードに手を伸ばし、小さな子どもでさえもおまけのおもちゃにつられてジャンクフードを喜んで食べるよう施された「仕掛け」がある。濃く味付けされたカロリーたっぷりの食べ物は私たちの目に新鮮に映り、ひとり当たりの消費量は増加の一途をたどっている。

ポテトチップスとソフトドリンクの数十年前の消費量は、現在から見ると微々たるものに思える。**1950年代と比較すると、一般的なファストフードのひとり当たりの消費量は400%も増加している。**

またスウェーデンでは、1960年ではひとり当たり年間22リットルだったソフトドリンクの摂取量が、いまでは年間92リットルになっている。

自宅での食事と比べると、外食時にはだいたい20〜40％も多くカロリーを摂取しているといわれるが、けっして驚くにあたらないだろう。

最近はソフトドリンクの販売量こそ減少しているものの、「エナジードリンク」と銘打った新製品が次々と登場し、子どもや若者はよかれと思ってこうした商品を買い求めている。ソフトドリンク業界は、いくら首を切っても生えてくるギリシャ神話の九頭の大蛇ヒュドラを彷彿とさせる。

昔に比べてジャンクフードやソフトドリンクの消費量が増えていることは、食料品店の売り場を見てもわかる。ソフトドリンク、アイスクリーム、ポテトチップス、スイーツなどが置いてある場所や、「ひとつ買えばもうひとつついてくる」といった売り文句に誘われて、私たちは簡単に右手を伸ばして「自発的に」ジャンクフードを取ることになる。知っていただろうか。**私たちは店内で左に曲がることのほうが多いのだ。多くの人が右利きで、右側に並ぶセール品のソフトドリンクなどを手に取りやすいから**である。

また、私が子どもだった70年代と80年代では、量り売りのキャンディは100グラム6クローナ［約75円］だった。そして、この価格は今も変わっていない。リンゴが1キロあたり50クローナ［約625円］することを考えると、消費者が適切かつ健康的な買い物ができるように価格設定されているかどうかは疑問である。

「ジャンクなお弁当」で運動しに行く子

「スポーツ」（とくに政治家が肥満の解決策として挙げることを好む）は、残念ながらますますジャンクフードの広告塔となり、しかも子どもをターゲットとしている。

あなたが子どもと一緒にサッカーのトーナメント戦やホッケーの試合やスイミングプールに出かけるとき、おやつやお弁当のなかに、いったいどれだけ健康的なものが含まれているだろう？　ソーセージ、スイーツ、ポテトチップスにソフトドリンク。カロリーにカロリーが続き、砂糖や脂肪、塩などの濃い味付けが組み合わされている。

これからの社会の動きを考え、いい点と悪い点の両方を指摘したい。

今後の動向として懸念されるのは、食品業界がますます悪い方向に進むであろうことだ。食料品店がお菓子とジャンクフードしか販売しなくなると困ったことになるが、現実にそうなりつつある。

一方で、明るい兆しもある。近いうちに、先見の明をもつフードチェーンが誕生することになるだろう。そのビジネスアイデアの核心は、工業生産されたお菓子やジャンクフードではなく、添加物を含まず、環境に配慮し、地元で生産された「本物の食品」のみを販売することにある。

消費者にとっては割高になるかもしれないが、積極的にそうした食品を選ぶことで、自分たちが求めているものを社会に対してはっきり示すことができる。

よく眠って「回復」する

体が健康的に機能するには、運動と栄養が必要だ。だがそれと同じぐらい、**十分な「睡眠」をとることと、体と心を「回復」させることも欠かせない。**

睡眠と疲労回復が十分にできないと、体の機能を健康に保つことはできない。睡眠不足は、肉体的、精神的、感情的な面で無気力と強い疲労感を招き、健康的でバランスの取れたダイエット活動に悪影響を及ぼす。

実際、睡眠不足はストレスホルモンであるコルチゾールを上昇させ、レプチンの低下、グレリンの上昇をもたらす。つまり、**食欲が増加し、とくにお菓子類を求めるようになり、脂肪が蓄積されやすくなってしまう**のだ。

夜間に働く人、労働時間が不規則な人、幼い子どもの親といった人たちは、ストレスを抱えやすい傾向がある。ストレスは睡眠に悪影響を及ぼすので、さまざまなリスク要因が互いに関連していることを示す証だ。睡眠不足や睡眠の質の問題はストレスを感じる原因であり、またストレスを受けていることで表れる症状でもある。したがって、高GI食品やジャンクフードのせいで肥満になるという傾向は、生活リズムが不規則だったり睡眠不足だったりする人に顕著に表れる。

いまでは、日々の生活においてさまざまなスクリーンのそばに座るのがあたりまえだ。子どもや若者は完全に携帯電話に依存している。こうしたなかで、私たち（また子どもたち）が十分な睡眠をとり、しっかりと疲労回復するにはどのような環境づくりをすればいいか、その方法を考えるべきだ。

「睡眠を妨げるものを寝室からなくす」のは、その方法のひとつだろう。

運動は「たまにたくさん」より「毎日ちょっと」

運動ほど健康によいものはない。

「運動」にはあらゆるものが含まれる。親指をぐるぐる動かすことから、湖のまわりをサイクリングすることまで、すべてが運動だ。着替えなどの日常的な動作もあれば、ちょっとしたエクササイズ、思い立ったときに気軽に楽しむ散歩、あらかじめスケジュールを決めて行うテニスやヨガのような運動もある。

たとえ小さな動きでも、運動は健康によい効果をもたらす。運動量が多いほど健康にはいいが、**何より大切なのは、毎日欠かさず続けること**だ。

運動はエネルギー消費を促す絶好の機会であり、体が正しく機能するよう助けてくれる。言ってしまえば、**体は運動するために生まれた**のだ。実際、日常的な運動を欠くと、体の機能はみるみる衰え、健康状態が悪化する。

では、運動はダイエットの役に立つのだろうか。

実は、**運動量と体重変化の関連性はそれほど強くない**。座りっぱなしの人の肥満リスクが、運動量の多い人より必ずしも高いとはかぎらない。つまり、運動不足が肥満の主因ではないということだ。

しかし、この問題にはいくつか微妙な側面がある。

そのひとつが、肥満に関する研究では定期的な運動が被験者に推奨されることが多いものの、実際の運動の有無についてはほとんどチェックされていないという点だ。当然、運動をしなければ、運動からもたらされるよい結果は期待できない。とはいえ、幼児期にそれほど活発でなかった人が運動を始めるのは、それ自体がかなり骨の折れる挑戦だ。

一方、運動経験のある人だけを分析すれば、運動と肥満の関係は明らかに強くなるので、運動にまったく効果がないとは言いきれない。運動量が多いからといって肥満のリスクが大幅に低下するわけではないが、一般的に運動には体重を安定させる効果がある。つまり、**運動していれば、体重の増減という悩みから解放される**のだ。

このことは、体重を減らした人にもあてはまる。定期的な運動は、体重のリバウンドを抑える効果がある。

「甘いもの」を食べずに済む

運動の効果が微妙といえるもうひとつの側面は、被験者の体組成を測定せず、体重と身長から算出した「BMI値」をもとに運動量による体重変化を調べている実験があまりに多い点だ。たとえ実験前よりBMI値が高くなっていたとしても、人によっては筋肉量が増加し、脂肪が減った可能性もある。

表面的な体重計の目盛りばかりを気にするのではなく、体組成の変化にも目を向けなければならない。

運動は「空腹感」ももたらす。

運動によってカロリーが失われると、体はすばやくその分を補おうとするし、社会的要因、ストレス、ジャンクフードなどのほかの要素が肥満の原因の大部分を占めることを考えれば、運動の効果はあまりにも小さい。

しかし留意すべきは、運動が体重の変化にどれだけ影響を与えるかは別として、運動ほど健康によいものはほかにないということだ。運動するたびに体は健康になり、幸福感も高まる。ストレスが原因の精神的・心理的な問題において、運動は大きな効果を発揮する。

このことは、年齢や性別、どのような遺伝子をもっているか、どのような社会集団に属しているかにかかわらず、**すべての人にあてはまる**。

運動そのものが体重に及ぼす影響は微々たるものだが、それでも運動はライフスタイルを構成するパズルの中心的な要素として健康を大きく左右し、食事や睡眠といった重要な生活習慣をコントロールする大切な触媒である。運動をするとしないとでは、食事も大きく変わってくる。

ストレスが溜まった一日の夕方に、何か甘いものが無性にほしくなったときには、運動は無敵の暇つぶしになる。

肥満は「氷山」のようにできる

人がどのような感情を抱くかという点は、肥満の謎を解くパズルの重要な部分であり、社会的な格差の問題と肥満をつなぐ架け橋でもある。

精神疾患によって引き起こされる感情にはさまざまなものがあり、一般的には憂鬱や不安などの感情が多い。自己肯定感の低さなどに悩まされるケースもたびたびあり、ある種の依存症をともなうことも少なくない。必ずしもそうとはかぎらないが、多くの点において、肥満は精神の不安定が表面に表れたもの、つまり**精神的アンバランスの外部症状**といえる。

このことについて講義するとき、私は氷山の写真を使って説明している。肥満とは、氷山でいえば海面上に出た部分だ。そして、水面下にあるものが人の内面のすべて、いわゆる精神的・心理的な要因であり、とくにストレスや成長過程での体験などを表している。

何が肥満の原因になっているかを断定するのはむずかしいが、たいていは内面で起こったことがきっかけとなり、だんだんと体に現れることが多い。水面下で原因がつくられ、徐々に海面上に姿を現す氷山と同じだ。

この考え方は、癌、糖尿病、心血管疾患などの代表的な国民病にもあてはまる。つまり、**体重をコントロールしたければ、心の問題にうまく対処する必要がある**。実際、精神疾患と肥満にはきわめて強い結びつきがある。太りすぎの人がみな内面的な問題を抱えていて、やせた人はその逆だという意味ではないが、その可能性は低くはない。

肥満のもうひとつの大きなリスクは、精神状態の悪化を招く点だ。肥満の人が日常的に受けている、あるいは受ける可能性のあるハラスメントと差別を考えれば理解できるだろう（6章参照）。精神疾患はストレスや幼児期の経験とも密接な関連があり、また精神疾患自体も体へのストレスになる。そして、そのことでさらに体重が増えてしまう悪循環を招きやすい。

リバウンドすることなく体重を減らしたい人すべてが、精神的な健康と幸福感を得るために取り組むべき重要な理由はこうした状況にもある。

何十年かけて徐々に太る

肥満の原因は雨どいの水のように一方通行の流れではなく、先に示した「ストレス」と「ジャンクフード」の関係のように、重なり合って相互に作用する。

しかし、これらの原因にはたいてい自然な順序が存在する。そのため本書の各章は生物学的要因で始まり、環境要因で終わるという構成にした。そして環境要因を述べる際は、幼児期から始まり、現在で終わるようにしている。ただし、実際の生活では、それぞれの原因間の働きは直線的とはかぎらない。つまり、最初に原因A（生物学的・遺伝学的要因）、次に原因B（胎内環境）、さらに原因C（成育環境）、そして原因D（ジャンクフード）という順番になるとはかぎらず、もっと複雑な動きになるということだ。

私は、肥満をはじめとする病気が発生する状況をコップにたとえて説明することが多い。

生まれたての赤ちゃんは健康に恵まれ、コップは空の状態だ。人生の旅を続けるなかで、さまざまな出来事に遭遇し、ときにはダメージを受け、ストレスを感じたり、免疫が低下したり、不健康な習慣をもったりするかもしれない。生まれてから成長するにつれコップはだんだん満たされていくが、あふれるまでにはまだ余裕があり、健康状態は良好のままあらゆる面で比較的簡単にバランスを維持できている。

しかし、少しずつ問題が生じる。思春期になると、座っていることが多くなり、テレビゲームに多くの時間を費やすようになる。体が十分な運動量を確保できなくなると同時に、糖分の多いソフトドリンクやエナジードリンクを飲みはじめる。コップはさらに満たされていくが、病気になるのはそれでもまだ遠い先の話だ。

さらに数年後、家を離れたあなたはストレスの多い仕事に就き、以前に比べもっとジャンクフードを口にすることが多くなる。体重も少しずつ増えるかもしれない。いまや体は病気を食い止めるのに必死だ。さらに20年後には、ストレスと座りっぱなしの生活、ジャンクフード、肥満によって、体はもはやエネルギーバランスを維持できなくなる。そして血糖値が上昇し、2型糖尿病の初期段階にいたる。

ついにコップはあふれ、体に明らかな不調や病気が現れるのは時間の問題となる。

この話のポイントは、コップがゆっくりと満たされていき、やがてあふれることに気がつけば、肥満にならずにすむ可能性があるということだ。

しかし、コップの中身を正しく理解すべきところを、私たちの多くはあふれる直前の最後の一滴だけに焦点を当て、それが病気の原因だと考えている。だが、それは大きな間違いだ。**病気にいたるまでの道はずっと前から始まっている。**

つまり病気とは、相互に影響するリスク要因の集合体である。コップの中身があふれたとき、ついに病気が発生するのだ。

体重が「あふれる」仕組み

人間はバランス(ホメオスタシス[生物において、体の内外の環境変化に対して生理状態を一定に調節し、恒常性を維持する働き])を維持するために、体のなかにさまざまな仕組みを宿している。その仕組みもあらゆる要因によって最終的には圧倒され、コップから水があふれ出してしまう(体重が増加し、体の新しい理想的な体重設定値[セットポイント]が上方に修正される可能性がある)。

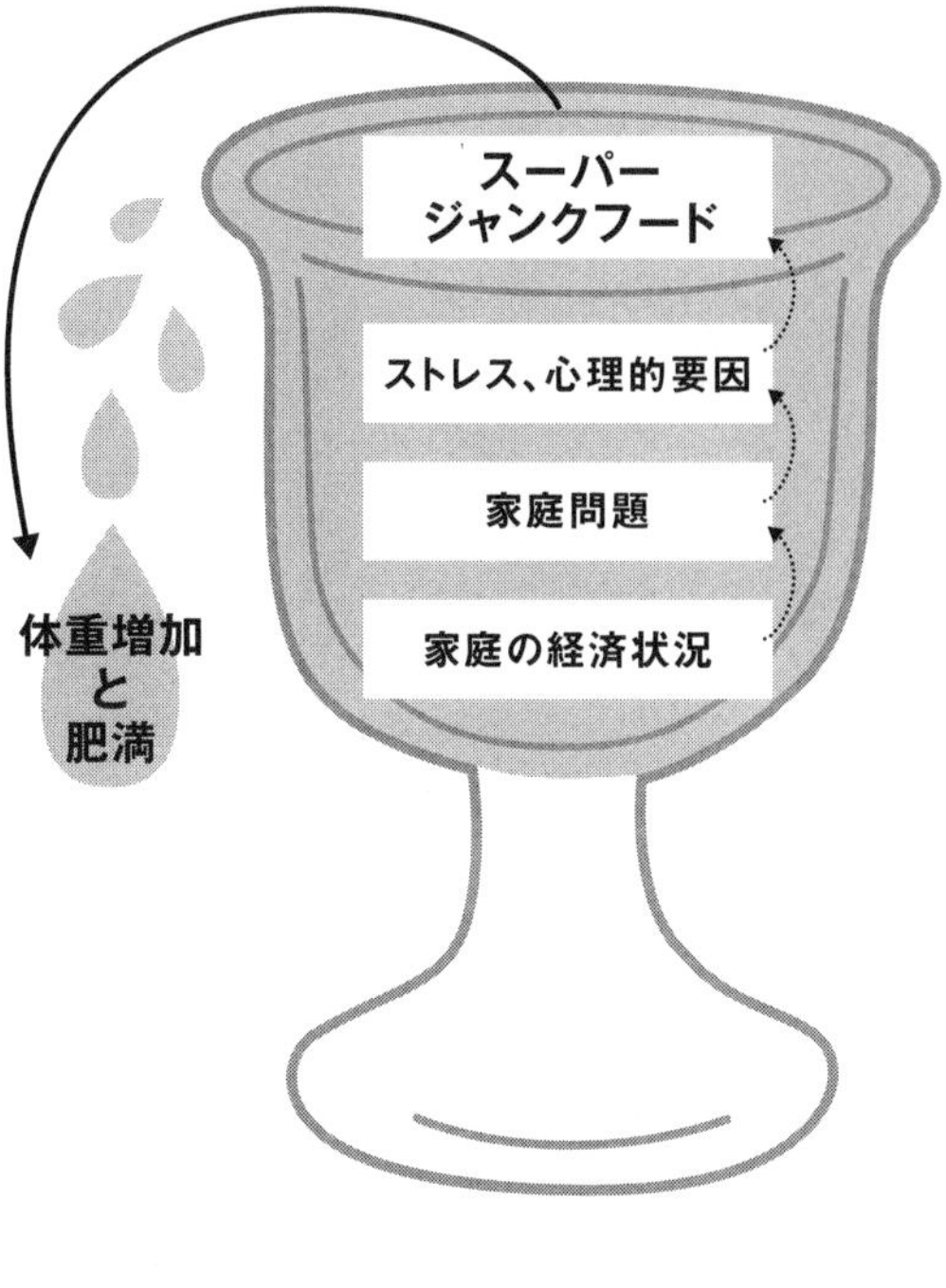

生まれる「前」から始まっている

肥満を解消したければ、コップの中をのぞきこみ、そこに何が隠れているのかを、コップの底まで調べることが必要だ。

中身を正しく認識し、ときどきコップを空にすれば、気づかないうちにコップの中身がふちのぎりぎりのところまで来ている状況を避けられる。水があふれないように、コップのふちと水面の距離を一定に保つことができれば、パニックに陥ることなく体の状態を良好に維持できるはずだ。

コップのいちばん底にあるものは、肥満の原因の連鎖につながる初期の要因である。これは、生物学的に直接、または行動によって体重を左右するほかの要因（たとえばジャンクフードの摂取）の影響をさらに悪化させる。

コップのもっとも深い部分にあたる例として、次のようなものが挙げられる。

・両親と先祖がどのような人だったか、彼らはどのような生活を送っていたか
・家族、親族に肥満の人がいるかどうか
・母親の妊娠中の精神状態、喫煙の有無、ストレスの状況、健康状態

・出生時の体重
・家族が属している社会的階層や居住地域
・母乳で育ったかどうか

コップの二番目に深い部分には、個人の意思ではどうすることもできないような環境条件、成長期に関する要因が注がれる。たとえば、次のようなものだ。

・幼児期の成育環境
・幼児期からの肥満
・トラウマまたは不安を感じるような経験
・生活環境
・食生活、運動習慣
・味の嗜好
・ストレスおよび困難な状況に対する敏感性

やがてコップは満杯になる。水があふれる原因として、もっとも多い要因は次のものだ。

・ジャンクフードの食べすぎ
・困難な出来事によって大きなストレスを感じている
・睡眠不足
・何かしらへの依存
・運動不足
・そのほかの疾患

ジャンクフードは「満腹感」がない

このように、コップの中にはストレス、摂食行動、睡眠不足、運動不足といったさまざまな生物学的、神経学的、社会的、心理的要因が入っている。こうした要因の相互作用によって、肥満がさらに生じやすくなる。**このなかでもっとも大きな鍵を握るのは、「ジャンクフード」**だ。

ジャンクフードは高エネルギーながら、カロリーあたりの満腹感がほとんどなく、しかも中毒性が高い。とくに、**ストレスや心理的影響のためにすでにコップが半分ほど満たされている人にとっては、ジャンクフードの中毒性はきわめて高くなる。**生物学的、心理的要因、ストレス関連の要因が混ざり合ったクラスターに、ジャンクフードが加わると、対処しようのない大嵐になってしまうのだ。

こうなると、バランスを維持しようとする体の自然な働きではどうすることもできない。結果、コップの水はあふれ、体重のグラフは右肩あがりにぐんぐん上昇していくだろう。

時間が経つにつれ体重はどんどん増える。とくに幼児期から肥満傾向にあった人の体重増加は著しいものになる。

ここでもう一度、なぜあなたのコップがあふれたのか、考えてほしい。

5章 「サイン」をしっかりつかむ

「シグナル」に敏感になる

身体は、内なる「圧力」を示すバロメーターだ。

あなたの体は、アンバランスな状態におかれていることを、さまざまなサインを出してあなたに伝えようとする。たとえば、ストレスを感じているときにあまり健康的でない食べ方をしてしまうのも、体とのコミュニケーションのひとつだ。

まずは、体が発するサインに敏感になろう。あなたはふだん、体のサインに耳を傾けているだろうか。

医者にかかることは、あなたが体のサインに敏感に反応したしるしだ。ただし、薬を飲めばすべてを解決できると考えているなら、問題をきちんと把握しているとはいえない。

穴のあいたボートからバケツで水を掻き出しても、穴をふさがなければボートはいずれ沈んでしまう。

思考や感情（内部）と身体（外部）の関係を示す例は数多くある。誰かにどなられると、血圧が上がって呼吸も浅くなる。間近に迫った学校のテストや仕事のプレゼンのことを考えると、手の平に汗をかく。

心と体がつながっているからこそ、私たちの体はこのように反応する。そして**心と体の密接な関係が、私たちの健康と体重管理において大きな役割をはたしている。**

健康は、家庭環境や住環境などの変化に多大な影響を受ける。とくに、もっとも順応性のある幼児期に受ける影響はとても大きい。

私は長年このテーマと向き合ってきたが、臨床現場で肥満患者の話を聞いているうちに、ますます興味を抱くようになった。

彼らの多くは心理的な問題を抱え、ふたたびクリニックに戻ってきた患者だったからだ。

肥満・ガンのきっかけは「大昔」にあるかもしれない

これまで、この分野では、患者の減量の成功エピソードを集める程度の研究しかなかった。だが、文献を探しはじめて、アメリカの先駆的な研究に出会った。

ヴィンセント・フェリッティ医師が行ったACE（Adverse Childhood Experiences、逆境的小児期体験）の研究だ［ACEとは、成人期の健康に有害な影響を及ぼす可能性のある、小児期に遭遇した逆境的な体験］。この研究をもとに多くの出版物が発表され、1998年には重要な発見もされている。ヴィンセントが行った研究はノーベル賞に値するほど重要なものだといえる。

この研究で明らかになったのは、心と体が密接に結びついているという明確な事実だ。その研究結果に私は少なからず衝撃を受けた。そこでもう一度文献を読み返し、研究手法や統計などが間違っていないか、本当にこの計算が正しいのかを疑ったほどだ。

ヴィンセントは何を発見したのだろうか。

80年代から90年代にかけて、彼はロサンゼルスで多くの肥満患者とかかわった。その後、ヴィンセントと同僚たちは、小児期に経験した外傷をともなう出来事をさらに詳しく統計的に調査し、体重やそのほかの健康との関連性を調べた。

そこで判明したのは驚きの事実だった。それは、私たちが社会環境からどれだけ根本的な影響を受けているかを示す、きわめて明確な証拠だった。

彼らの研究で判明したのは、**肥満の人は逆境的小児期体験をしたことがある人が明らかに多い**ことだった。

そうした人の肥満リスクは、同じような体験をしていない人と比べると60％も増えていた。つまり、BMI値35以上の肥満の発現率が60％以上も高いことを示していたのだ。

この結果は、私自身の研究結果とも一致する。しかし、**肥満だけでなく、糖尿病、心血管疾患、いくつかの種類の癌といった疾患のリスクも明らかに増加していた（2〜3倍）**。薬物乱用やアルコール依存症、自殺といった心的外傷と関係が深いものも、リスクが4〜10倍高くなっていた。

ユーチューブにアップされたヴィンセントのプレゼンテーションの冒頭部では、T・S・エリオットの詩が引用されている。「始まりのなかに終わりがある」（良くも悪くも）。幼児期の経験は、けっしてその人のなかから消え去ることはなく、数十年の時を経て身体的な症状として表れる傾向があると証明されている。私たちはその輪から逃れられない。

このことは、癌やうつ病、薬物依存、肥満に関してもかなりあてはまる。身体は心にかかるプレッシャーを測るバロメーターだ。ストレスを感じたり、否定的な感情を抱いたり、体内に軽度の炎症が現れたり、不健康な習慣に傾きかけたりしているのはその兆候である。けっして見過ごしてはいけない。

噛まないと「満腹ホルモン」が出ない

ホルモンも、体のなかのもうひとつの重要な通信手段だ。食欲の調節にかかわるグレリン（空腹ホルモン）、レプチン（満腹ホルモン）、インスリン（血糖の調節をするホルモン）はとくに重要だ。

これら3つのホルモンが出すサインに注意を払い、どう対処すべきか考えることはとても重要なポイントになる。

ストレスの多い現代社会に生きる私たちにとって、体が出すサイン、たとえば満腹感に注意を向けるのは簡単なことではない。食べ物を口のなかに放り込むばかりで、しっかり咀嚼《そしゃく》することもない。すると、**レプチンが脳に働きかけるチャンスを失い、十分な満腹感を得られなくなる**。

同時に、ストレスホルモンであるコルチゾールやグレリンが食欲の引き金を引くことも多い。普通、昼食前にお腹がすいたと感じるのは空腹シグナルが引き金になるが、夕方、ソファに座っているときに感じる食欲の引き金を引くのは「ゆっくりくつろぎたい」という生理的欲求だ。甘くて高カロリーなものをほしがる脳を満足させるために、ドーパミンが放出されて食欲を増加させる。

「満腹」なら食べないほうが絶対いい

大切なのは、空腹シグナルと満腹シグナルに注意を払うこと。いつもと比べてシグナル**が強いときもあれば、夕方にキッチンの戸棚を物色しなくてすむ程度のときもある。空腹シグナルの誘惑に負けそうなときは、満たすべきものが何かを見極めなければいけない。**ストレスなどの心理的要因だろうか。それとも、スイーツを食べたことによって、インスリンがまた別の甘いものへの渇望の引き金を引いたのだろうか。

もしかすると、あなたは小さい頃に自然な空腹シグナルや満腹シグナルに耳を傾けない習慣を身につけたのかもしれない。お腹いっぱいでも「残さず食べなさい」と言われた経験はないだろうか。

もし、身近に子どもがいる場合は、子どもの意に反して食べさせることは避けたほうがいい。体が発するシグナルを学ぶ機会を失い、心理的要因が引き金になって摂食頻度が増えることにつながるからだ。

「ステータス」が体型に影響する

アメリカの著名な心理学者、アブラハム・マズローは、「欲求段階説」を提唱したことで知られている。この説では、私たちの欲求が段階的に表されている。

第一に、人間個人としての生存にかかわる、いわゆる基本的な欲求である「生理的欲求」。これは、食べ物や水、熱や休息といったものへの欲求だ。

この欲求が満たされると、安全な生活を求める「安全欲求」へと移行し、続いて友人やコミュニティなどに属したいという「社会的欲求」に移る。この段階を経て初めて私たちは自尊心をもち、他者からの注目や尊敬を得たいと願う「承認欲求」の段階へ移る。

そして最終的にピラミッドの頂点に達し、私たちが得うる最高の可能性である「自己実現」にいたるのだ。

当然のことながら、私たちはつねにピラミッドの頂点にいるとはかぎらない。

たとえば、危機を経験したりして異なるステージの間を行ったり来たりする。だが人間は、創造的な探求や、他者や社会への貢献を通して、自己実現に向けて絶えず成長する生き物だ。

私は疫学者として、マズローの説を用いて、社会的な格差が与える疫学的な影響と生活の違いを描きたいと思う。

世の中には、今日は朝食をどのホテルで食べようか、どの展覧会に行こうかと考えながら歩き回る人もいれば、アパートを追い出されるのではないか、借金の督促状が届くのではないか、失業してしまうのではないかと考えて暮らす人もいる。

社会階層の下層部にとどまるのは、その人の健康状態や子どもの成長にとって大きなストレスになる。その状況が長く続けば、影響はさらに大きくなる。ストレスが生涯にわたってつねにつきまとうため、その都度ストレスを受けた状態から回復しなければ、体のストレスシステムは正しく機能せず、私たちの心身は疲弊してしまう。

さらに、貧困を打ち破ることはむずかしく、社会階層の下層から抜け出すには計りしれない労力が必要になる。これが、世代から世代へと貧困が受け継がれる大きな理由だ。とくに、社会的セーフティーネットが限定的なアメリカのような国では、簡単には抜け出せない。アメリカで、ジャンクフードの普及の地域差が肥満と密接に関係していることを考慮すれば、社会的格差も肥満の重大な要因であるのは当然だ。

マズローの説をもとに社会階層と健康の関係を考えると、「安全欲求」さえ満たされづらいこの社会格差が肥満に与える影響は大きいといえる。

Column

脳をごほうびで操る「依存食品」

ストレス、トラウマ、ネガティブな思考や感情を、私たちは不快に感じてそれから逃れたいと考える。そんなときに私たちは、中毒性のあるさまざまな物質を用いて脳の報酬中枢に働きかける。

食物依存に関しては、専門家の間でも意見がわかれている。いまはまだ「依存状態」としてそれを「依存症」とすべきかどうかが議論されている段階だ。

しかし明らかなのは、現に多くの人が特定の食品に依存する状態に陥っていて、そういった食品が脳に報酬を与えているということだ。たとえば、砂糖や精製炭水化物は、味をはっきりさせるために油や塩と組み合わさることが多い。このようにしてつくられた食品は脳内に報酬物質を放出する。

食物依存を科学的に見ると、**「スーパージャンクフード」などの食品にはきわめて高い中毒性がある**といえる。脳を刺激して、ドーパミンのような報酬系ホルモンを放出するからだ。報酬系は気分をよくし、脳の記憶をつかさどる部位に影響を与える。すると、楽しいという感情が記憶されるため、衝動的に食べ物を選択するようになる。ストレスを感じたときや不快な感情を抱いたときに、とくにこの傾向は強く表れる。

別の研究では、このような食事をする人は、**以前と同じ報酬を得るために食べ物の「用量」を少しずつ増やさなければならない**ことが指摘されている。これは明らかに中毒の兆候だ。

皮肉だが、報酬志向の食事はあらゆる点で「自己治療のひとつ」ともいえる。あわただしい一日のあと、お皿に載ったチョコレート、アイスクリーム、お菓子に自然と手が伸びるのはこのためだ。

視覚、嗅覚、味覚などの感覚をつかさどる脳のさまざまな中枢をMRIで調べた結果、肥満の人は味覚や報酬系を制御する脳の部位が活性化しやすい傾向を示していて、こうした食べ物に対して鼻や目から入ってくる刺激に敏感であることがわかっている。

■凍えても感電してでも食べたいジャンクフード

人間とほかの動物はさまざまな点で異なっているので一概にはいえないが、マウスは電気ショックや極寒に耐えてでもカフェで出されるような食べ物を選ぶことが実験によってわかった。

ジャンクフードは脳の報酬系と何の関係もないと考える人たちは、この実験結果を考えてみてほしい。現代の食品供給のシステムは、高カロリーで、脳に大きな報酬を与えるジャンクフードに支配されている。私たちは、食事のしかたや味の好みなどに関して、体と脳が発するすべてのシグナルに注意を払わなければならない。

他人との間に「明確な線」を引く

個人的資質と肥満との関連については、興味深い現象が見られる。**「共感力」**もそのひとつだ。

肥満とその人を取り巻く社会環境には明確な関連がある。もしかするとあなたは幼児期に、否定的な感情がわき起こるような経験をしたことがあるかもしれない。そのような経験の例としては、「厳しい言葉を浴びせられた」「家族との親密さが欠けていた」「家族と対立していた」「家族から厳しいしつけを受けていた」などが挙げられる。

しかられるより、愛情や感謝の言葉がほしいと願うのは、あたりまえだ。だが、言語力がまだ不十分な子どもたちは、そうした欲求をうまく伝えられない。

幼児期にひどい扱いを受けたとき、それに対して抵抗を示さないでいると、成人しても類似のことを誘発する行動パターンを繰り返しやすくなる。これは多くの点で不幸だ。あなたは周囲からの評価に敏感になっている。つまり、**周囲の人に非常に深く共感すること**

はできても、あなた自身が他者からの共感を必要としているときに、そのように主張できないのだ。

現代社会はときに過酷だ。非常に厳しい顔を見せることがあるこの世界では、すぐれた共感力、つまり周囲に対して敏感な触角をもつことは幸せなことでもあり、厄介なことでもある。共感力が高い人は、他者の否定的な意見や他者が感じている精神的不調、激しい感情、ストレスに対して敏感なのだ。

共感力のある人は、他人がどんな感情を抱いているかを敏感に察知し、他者の怒りや悲しみ、欲求不満を自分のことのように感じてしまう。そのような人にとっては残念な話だが、自己肯定感が低い、自分を好きになれないという人のなかには、共感力の高い人に身をゆだねる人が多い。自分が抱えている問題にもっとも理解を示し、敏感に反応してくれるからだ。

あなたがもしこのような状況におかれていて、あなたの高い共感力を別の誰かからネガティブな方向で利用されている場合、「自分は他人に踏みつぶされるドアマットではない」と認識すべきだ。共感力の高い人は、往々にして他人の問題を背負い込みやすく、もともと抱えているストレスやネガティブな思考、苦しい感情が増えてしまうことになる。

他人の考えや気持ちに敏感だからといって、他人の問題を自分のものにしてはいけない。**共感力の高い人は、他者との間に明確な境界線を引くことが重要**だ。

さもなければ、ストレスを感じて精神的に悪影響を受けることになる。手っ取り早くストレスを解消する方法は、食べること。ストレスを減らすには、甘くてエネルギーたっぷりのチョコレートやお菓子、アイスクリームなどがちょうどよい。

だが、それは根本的な解決ではない。食べること以外に方法が見つけられない場合、不快な感情を抱くたびに「報酬ほしさに食事を繰り返す」パターンに簡単に陥ってしまう。

「どんな人といるか」の絶大な影響

強調したいのは、共感力の高い人がおかれている状況は、なんとも不公平だということだ。押しつぶされる側である人が、周囲から「敏感」の一言で片付けられがちな一方で、道路工事のアスファルト舗装用ローラーのように世間の人々を踏みつぶす人たちを不問にふすのはひどい話だ。

「これはまさに自分の状況だ」と思うなら、いくつかの課題に取り組むことで解決できるかもしれない。まずは、あなたのコップの中身から確認しよう。とくに、あなたがどう成長してきたかは重要だ。意識して取り組むべきことがあるはずだ。

・幼児期にあなたが暮らしていた場所は、緊張や争いが絶えず、治安の悪い地域だっただろうか。
・精神的につらい状態にある、またはストレスを感じている人に対して、あなたは敏感に反応するだろうか。あるいは、他人の違和感をすぐに察するだろうか。
・子どもの頃の経験は、ストレスを感じたときのあなたの摂食行動にネガティブな影響を与えるだろうか。幼児期の生活環境やトラウマや悪習慣は、いまだにあなたに悪い影響を及ぼしているだろうか。

家族との関係や職場の環境など、現在あなたがおかれた環境についても、次の事柄をチェックしてみてほしい。

・何かしらの問題をあなたに背負わせようとする人が身近にいないだろうか。
・仕事から帰ってきたとき、「力尽きている」「強いストレスを感じている」「圧倒されている」といった気分になることはあるか。
・パートナーと良好でバランスのとれた関係にあるだろうか。それとも、相手から虐げられていると感じるほど破綻した関係だろうか。

「思考」が体に作用する

「私たちは食べたものをもとに形づくられる」とよくいわれるが、この言葉にはいろいろな意味が含まれている。だが、**「私たちは考えたことをもとに形づくられる」**というのも同じように真実だ。

プラセボ（偽薬）効果はその例のひとつである。プラセボ効果の測定は、ものごとに対して思考がどう影響しているかを調べる手法であり、その影響力は多くの人が考えている以上に大きい。

もしそれが信じられないなら、次のような実験をしてほしい。これは私がよく学生たちにしてもらう実験だ。

まず、友人に頼んで自分の隣に立ってもらう。そして、あなたが片腕をまっすぐ突き出したら、同時にその友人に伸ばした片腕を押し下げてもらう。あなたは初めのうち「私は強い」と感じるだろうが、突き出した腕を繰り返し押し下げられると、しだいに「私は弱い」と感じるようになってくる。

ひとりでこの実験をするには、別の方法がある。壁に向かって10センチ以内のところに立ち、目を閉じて、体の力を抜く。そして「前に倒れる」と自分に言い聞かせてみる。だが実際には、前に倒れようとしても、壁にぶつかることを恐れて無意識に後ろ向きの力が加わる。仕事や試験などが「うまくいく」と思ったらそのとおりになり、反対に「うまくいかない」と考えたらそのとおりになった経験はないだろうか。

年齢もひとつの例だ。ポジティブな姿勢と心理状態は、年のとりかたに影響を与える。100歳以上の高齢者へのインタビューは数多くある。長生きの秘訣はいろいろと挙げられるが、なかでも充実した社会との関係は重要だ。テレビに映るポジティブな姿勢は、単にテレビを意識してのことではないだろう。

思考がもつ力は大きい。効き目があると信じて偽薬を飲んだ人が、実際に気分がよくなるのも不思議ではない。

「いい感情」をもつ

同じように、このことは感情と思考の関係についてもあてはまる。感情は思考に力を与える、いわばアンプ（増幅器）だ。ポジティブな思考とポジティブな感情が組み合わさると、強力な力が発揮される。

このことは、考えたとおり、感じたとおりの自分になれる可能性があることを意味している。反対に、体重やライフスタイルについてネガティブな感情ばかり抱いていると、いずれ奇跡が起こることなど期待できない。

では、思考と感情は体重とどう関係しているのだろうか。これは、社会的属性と体重との間にある「明らかな関係性」を説明する、重要なパズルのピースだ。

治安の悪い地域では、将来に対する見方は悲観的になりがちで、将来、豊かな暮らしができるようになる期待感は低い。そのような状況から抜け出すには、まずは自分の思考と感情をクリアにする必要がある。そうすれば、起こりうるさまざまな変化と出来事に対して積極的な姿勢をもてるようになるはずだ。

Column

きちんと「回復」する

ストレスは、行動すべきときに力を与えてくれる存在でもある。

エネルギーを集中させる仕組みがなければ、人間はおそらく生き残れなかった。エネルギーを集めるこの仕組みはすぐれた機能を発揮するが、重要なことがひとつある。**激しさ**

の合間に回復する必要があるということだ。

体と心を回復できなければ疲労が生まれ、身体機能の悪化や精神力の低下などを招く。この状況を**「アロスタティック負荷」**と呼ぶ。

この状態になると、免疫システムが弱まったり、「不健康な食べ物」で脳内の報酬系を活性化しようとしたりする。血圧が上昇し、動脈硬化を起こすこともある。

また、アロスタティック負荷は依存症や精神疾患のリスクを高める。この種の慢性的なストレス状態とそれに続く疲労は、老化の加速と健康障害へと一直線に続く道だ。アロスタティック負荷は、体がセットポイントを引き上げる強力な要因になる可能性もあり、ストレス、とくに持続的なストレスに弱い幼児期は注意しなければいけない。

ストレス状態の悪化は、困難な状況に長くおかれたときに発生しやすい。たとえば、不安定な家庭環境で育った場合、または社会階層で低い位置にいて生きるだけで必死といった場合だ。あなたがストレスを感じたとき、とくにストレス性の摂食に敏感な場合は、**十分なゆとりをもって回復する時間を確保すること**が大切だ。

この回復に関しては、次に挙げる点がもっとも重要になる。それは、**「ときどきコップを空にすることが大切」**ということだ。たとえば、適度な睡眠をとり、運動し、可能なら自然のなかの落ち着いた場所で仕事や社会の要求から解放されることで、コップの中身は空になる。瞑想とマインドフルネスも試す価値がある。これらの方法は、すぐれた効果を発揮してくれるうえ、長時間やる必要もない。

がんじがらめの窮屈な暮らしを送る現代の社会では、たった10分歩くだけでも驚異的な変化が生まれるはずだ。

「散歩」から始める

私たちは心理的要因に注意を払わないような時代に生きている。私たちの社会が重視するのは、精神力と論理的思考だ。

しかし、体重を適切に管理するひとつの方法は、感情とうまく付き合い、あなたの感情が社会的要因やストレス、ライフスタイルなどによってどのような影響を受けるかを理解することである。

今日、多くの人が運動するのは、幸福感を得たり、リラックスしたりして感情の状態を改善するためというのがおもな理由だ。それによって、途切れることのないストレスが与える感情への悪影響（疲労感、欲求不満、怒り、不機嫌など）とバランスをとることができるようになる。

怒り、欲求不満、無関心、落ち込み、恐れ、罪悪感、恥、絶望といったネガティブな感情は、あなたが不安な状況におかれていることを示している。とくに、これらの感情が頻繁に生じたり、あるいは長く続いていたりする場合、当然のことながら私たちはそこから逃れたいと思うはずだ。

私たちにとって、食事のおもな目的が栄養補給ではない理由のひとつがここにある。つまり、**感情に与えるポジティブな効果とストレス解消のために私たちは食べる**のだ。

このような行動パターンを自覚することは、ストレスの解消法を見つけるために非常に重要な役割をはたす。ストレスを解消するには、散歩やエクササイズ、ヨガ、瞑想などがぴったりだ。

あなたのネガティブな感情を誘発する原因は何だろうか。腹立たしく、他人に否定的かつ厳しい身近な人だろうか。それとも、交通渋滞、列車の運休、仕事の締め切りなどだろうか。ネガティブな感情を誘発する原因の正体を見極め、それにはできるだけ近寄らないほうがいい。ネガティブな感情を足下のマットの下に隠すのは、あまり建設的な考えとはいえない。

その代わり、問題の所在を認識し、それらの問題を徐々に取り除いていけば、やがてあなたに害を与えるような手段に頼るのをやめ、食べ物やアルコールといったさまざまな依存症から解放されることになるだろう。

「自尊心」を高くもつ

もうひとつのとても重要なテーマ「自尊心」について書いておきたい。

自尊心とは、自己認識と自己肯定感である。**自尊心はあなたの精神的健康と幸福感だけでなく、体重を含む体の健康管理においても重要な役割をはたす。**

自尊心あふれた人は、過酷な状況や他者からの厳しい意見に対して強くいられる。その逆も然りで、自尊心の低い人は他者からの発言や意見に弱い。そしてネガティブな感情をますます抱くようになり、行き詰まってしまう。

肥満の要因をあらわすコップにたとえると、自尊心の低さは底のほうに溜まっている。**肥満の人には自尊心の低い人が多く、これが肥満を引き起こす一因となっている。**

これは、さほど不思議なことではない。肥満の人の多くは、ふつうの人とは違うとか、変わるべきだとか、あなたは責任感のない意思の弱い人間だとかを、ずっと言われつづけているかもしれない。

人からそのように言われ、周囲の厳しい意見を耳にしても影響を受けないような人はいるだろうか。たとえば、学校の体育の授業で、採用面接で、パーティで、さまざまな場面で肥満の人は他人の声にさらされている。

私の意見を述べさせてもらえば、肥満の人の自尊心が低くなるのは、このような体重についてのハラスメントが引き起こした結果であり、病的なまでにやせることに執着する「ダイエットヒステリー」よりはるかにたちが悪い。

自尊心は幼児期に形成されるので、成人してから大きく変えるのはむずかしい。しかし、改善できる可能性も十分に残されている。

だから、あきらめてはいけない。**自尊心とは、自分という存在に違和感をもたず、失敗した経験や欠点をもつ人間として、自分自身を許すこと**だ。外見に関して、広い心で受け入れることなく、ないものねだりをしてしまうのは、何の意味もない。体は体でしかなく、あなたの個性、つまり、内なるあなた自身ではないのだ。

ここで、誤解を招くことが多いため、「自信」についても言及しておきたい。

自信は、自尊心とは違って、そのときの状況によって変わる。つまり、あなたの自信は状況次第で変わる。慣れた道路を車で走るときは自信をもって運転できるが、ローマやカイロで運転するよう頼まれたら、不安に感じるはずだ。また、自信をもって用意できる料理はいつでも完璧に作れるだろうが、あまり作ったことのない料理を大きなパーティでふるまうよう頼まれたら、躊躇するはずだ。

いまあなたが感じているのは、自信である。つまり自信とは、みずからの能力に対する信頼ともいえる。

6章

「重圧」をはね返す

あなたを太らせる見えない存在

いまの状態のまま苦しまずに最期を迎えられたら、どんなにいいだろう。しかし、現実は思いどおりにいかない。むしろ、いかないほうが普通だ。

私たちは、程度の差はあっても、「スリムな体型を保ち、かつ運動を積極的にするべき」というメッセージに絶えずさらされている。それが幸福と成功への道だと言われつづけてきた。

この章では、現代社会において肥満がもつ意味と、「太っていること」が私たちに与える影響について考えてみたい。

あなたを壊す「雰囲気」が蔓延している

背の高い人もいれば低い人もいるし、色白の人もいれば日焼けしやすい人もいる。これは人間としてごく自然のことだ。体型や体の仕組みがみな異なっているのは、自然の摂理の一部である。

しかし、体重の話になったとたん、標準よりわずかでも数字が上回ればネガティブなイメージを押しつけられ、「怠惰、無知、意志薄弱」という烙印を押されてしまう。

スリムで鍛えられた理想の体というのは、今日では現実離れしているといえないだろうか。いまでは成人の半分以上が肥満とされるが、私たちはスリムに、あるいはやせ衰えるほど細くなければならないとされている。

この現実は、多くの人が考えるよりはるかに重大な問題をはらんでいる。なぜなら、**社会的圧力は人をダイエットに駆り立てる「目に見えない最大要因」として、心理的な面にとくによくない結果を生んでいる**からだ。

いまこそ、体重や外見にまつわる社会的圧力と、理想とされる外見を追い求める空気が導きかねない結果について、しっかりと語るべきときだ。だがその前に、肥満がもつ社会的な意味について少し触れておきたい。

肥満というのは、私たちにもっとも重い「負担」を与える現象のひとつであることは違いない。だが、その負担というのは、体に与える負担だけではない。

まずは、フランスの勇敢な話から始めよう。

肥満で「職」が取り上げられる

フランスは魅惑に満ちた国だ。

フランス人は本物の食に対して飽くなき情熱を傾ける。地産地消の伝統を守り、ジャンクフードの広がりをほかのどの国より食い止めている。その一方で、身体的な理想に関しては厳しい社会の目が存在する。

とくに、女性の体型には厳しい目が注がれる。ある研究によると、**フランス人女性の80%は、健康上の理由ではなく、社会的基準から外れていることに対する世間の目を恐れる理由から、いつでも体重を減らせるすべを身につけている**という。

最近、示唆に富んだ本が出版された。フランス人女性のガブリエル・ディディエが、フランスという国で肥満の人間として生きていくのがどういうことかを、赤裸々に綴ったエッセイだ。

同書でとりあげられているエピソードは、とてもつらくて暗い話ばかりだった。彼女は、本を書くまでの自分はみずからの体重に絶望して、生きていく希望を失っていたと記している。だが、彼女は勇気を出して書きはじめた。そして、刊行されるとすぐにフランスだけでなく世界中で話題になり、体重に関するハラスメントについて議論を巻き起こした。

女性が美しさと優しさの象徴とされるフランスで、肥満の人が自分の存在を否定しなければならない状況をここで食い止めたいと思い、議論を巻き起こすことが執筆した目的だったと彼女は述べている。


ガブリエルは子どもの頃も大人になってからも、あざけられ、ひどい言葉を浴びせられつづけていた。ビーチでは「隠れていろ」とボーイフレンドから言われ、パリの学校に自閉症児の教員助手として採用されたときには、「デブとは一緒に仕事しない」と上司から言われた。校長でさえも「彼女は汗をかきすぎだ」「二階に上がってくると息切れがひどい」などと辛らつな表現で彼女を批判した。

フランスでは外見への差別が禁止されているにもかかわらず、**彼女は30日間で十分に体重を減らせなかったという理由で学校を解雇された。**彼女の働きは不十分とみなされ、学校を追い出されたのだ。恐ろしい差別とハラスメントの例である。

人は「恐怖」で過食する

また、大学の学位を取得したにもかかわらず、その学位に見合う仕事に就けなかったこともあるという。外見が「会社のイメージに合わなかった」というのが理由だった。彼女が就職先の候補に選んだ別の雇い主は「誰もが知っているとおり、体重とＩＱには反比例の関係がある」という考えをもっていた。

ある日、朝食を食べ損ねたガブリエルはパン屋に入り、クロワッサンを2個注文した。おつりを財布にしまおうとしているとき、列の後ろに並んでいた女性が「クロワッサンはひとつで十分」と言った。ガブリエルにも聞こえるとわかってのことだ。

彼女が社会的に孤立していたのは明らかである。このような孤立は、ハラスメントの小さな結果ではすまされない。体重に関するハラスメントは肥満の人を抑圧し、そのハラスメントが原因になって精神疾患を招くことにもなるからだ。

いったいどれほどの人が、こうしたハラスメントが招く結果の深刻さを理解しているだろう。精神疾患の治療には数年、またはそれよりはるかに長い年月を要することもある。

ガブリエルに対してハラスメントをした人のうちの数人が、出版後に彼女に連絡を取って謝罪したという。同書に書かれていることからわかるのは、**彼女が幼い頃、両親から受けた虐待によって体重増加ホルモンが影響を受け、体重が増えはじめた**ということだ。比較的短期間で体重が30キロ増加した経緯が記されている。

しかし、フランスで体重へのハラスメントの影響を受けてきたのは、肥満の人だけではない。同書を読んだ標準体重の女性から届いた手紙には、体重が増えること、そして体重が増えることで夫と仕事を失うのではないかという恐怖から、20年間も過食症を患っていたことが書かれていたそうだ。

当然ながら、肥満には重大な健康リスクがともなう。誰もが、ダイエットは健康のためにいいと聞いたことがあるはずだ。もちろん、健康は重要だ。しかし、**心理的な圧迫というのは、肥満が体に与える負担よりずっと重くなる可能性もある。**

ここでいう圧迫とは、ハラスメントや差別、うわさ話、そしていうまでもなく、仕事を失ってしまうかもしれない、離婚されてしまうかもしれないといった社会的影響への恐怖だ。

「モデルの体型」はフィクションである

では、なぜ私たちは、これほどまで厳しく非現実的なまでに、スリムであることを重視するのだろうか。

いまでは、ファッション雑誌に何も修整を加えていないモデルの写真が掲載されることは稀である。それはパソコンでレタッチされた「絵」であり、オリジナルの状態は完全に消し去られている。

ファッション業界や美容業界などでは、ずいぶん前から小さなしみやできものを細心の注意を払って切り取り、可能なかぎり体を完璧に見せている。**そのような体はありえないし、あったとしてもきわめて稀なのに。**

これらの「写真」はいたるところに表示される。広告、新聞、インターネット、あらゆるところで私たちの視界に入ってくる。そして、写真が伝えるメッセージはつねに同じだ——これが理想の美しさです／こうなればあなたに幸福が訪れます／美しさは完璧なパートナーと完璧な家族を引き寄せ、あなたは成功を手にします……。

もちろん、ここにあるのはビジネス上の利害関係だ。現状に対して人々に不満を抱かせ、製品を買わせるのが目的である。

テレビやインスタグラムのようなソーシャルメディアで目にする、パーフェクトに鍛えあげられて、ほどよく汗をかいた体を、私たちのようなふつうの人間が手に入れられるだろうか。

子どもや若者たちは何時間も費やして、自分の写真を筋肉隆々で腹筋の割れたセクシーな姿にレタッチし、他人のコメントを求めてインターネット上で拡散する。彼らはモデルのように理想的な自分の姿を、周囲に認めてほしいという欲求に駆られている。

世の中には、鏡に映る自分の姿を批判的な目で見つめ、できものを見つけてはいらいらし、クリスマスと正月明けに増えた体重に意気消沈するような人たちが多い。あなたもそのひとりだろうか。

自尊心が揺るぎやすく、ありのままの自分に満足できない人にとっては、これはきわめて厳しい風潮だ。体重と性格には基本的に関連性はないが、多くの人がこうした風潮によって行き詰まる。そしてその多くは、成長の過程で身につける安心感をまだ十分に備えていない子どもたちだといえる。

「理想の体型」という攻撃から身を守るのは、簡単ではない。

だが、その理想は詐欺であり、背後にあるのは空虚だ。この現実ばなれしたサーカスのような風潮にきっぱりと「ノー」を言うことが、何よりも重要である。

理想の体型とジャンクフードには似ているところがある。**必要どころか、むしろ不要なものであり、追い求めればただひどい目に遭うだけ**だ。

見た目に関する他人のつまらない考えに、あなたの価値観や意見をゆだねてはならない。

肥満は「書類選考」で落とされやすい

数多くの研究によって、肥満の人が社会のさまざまなシチュエーションでどのような扱いを受けているかが明らかになってきた。

衣料品店での興味深い実験を紹介したい。まず、標準体重の人が客として店に入り、さまざまな服を試着して店員の助けを借りた。次に、同じ人がパッド入りの服を着て、肥満の人のふりをして店に戻った。すると、微妙な違いではあるものの、差別的と思われる対応が見られた。**店員の笑顔は少なく、距離も長めにとっていた。目を合わせる回数も少なく、早く対応を終わらせたいと思っていることがうかがえた。**

こうした店員の態度の違いのほかにも、一般的に女性のほうが男性より体重で差別されるケースが多いことも研究でわかっている。

雇用現場の例もある。

肥満の人のほうが標準体重の人と比べて明らかに就職がむずかしいことが、多くの研究結果で示されている。

これも、女性に多くあてはまる。ガブリエルの母国フランスでは、ふつうは履歴書に写真を貼るが、**肥満男性は面接まで進めない可能性が標準体重の男性と比べて3倍高く、肥満の女性にいたってはその可能性が6倍も高くなる**そうだ。

賃金に関しても、その人の資格や経験にかかわらず、肥満女性の収入が標準体重の女性と比べて年間約1万5000クローナ［約20万円］低いことがわかった。

この分野の研究者であるジェニファー・ベネット・シナルが「肥満を理由とした賃金ペナルティ」と呼ぶこの傾向は、顧客との接触が多い職業にとくにあてはまるという。

私たちは「イメージ」に支配されている

ハラスメントが起こりやすいもうひとつの関係性は、「家族関係」だ。事実、ハラスメントの大部分は近親者によって行われている。

また深刻なのが、女性に対するハラスメントだ。SNSの投稿を用いた実験では、肥満の女性の投稿より、薬物中毒を告白する女性の投稿に反応した男性のほうが多かった。肥満というだけで敬遠する男性が多いということだ。

肥満の人は標準体重の人に比べてデートの経験が少なく、パートナーとの関係への満足度に肥満がネガティブな影響を与えていると示す研究もある。

興味深いのは、**肥満であることで強く影響を受けるのが、男性より女性**だということだ。それはいったいなぜなのだろう。この問いに対する答えは、メディアにおける肥満女性の描かれ方がかかわっている可能性がある。

コメディ映画やテレビでは、大柄な人がからかわれるシーンが、いまだに多くの人にあたりまえのように受け入れられている。たとえば、エディ・マーフィーが超肥満体の大学教授に扮する映画『ナッティ・プロフェッサー／クランプ教授の場合』を観ながら、聴衆は肥満の人に対する偏見に歓喜する。肥満の人はおっちょこちょいで頭が悪いというイメージが強調されている。

観客の笑い声を効果音として加えるアメリカの古くからの演出を調査した研究者によると、**その効果音は登場人物が肥満の人物をからかうときによく加えられている**そうだ。最近観た映画『ワンダーウーマン』では、当然のことのように、背が高くて彫像のようなスタイルの女性がヒロインを演じていた。肥満女性が演じていた秘書は、とぼけて間の抜けた、従順で頭の鈍いキャラクターと思わずにはいられなかった。

「階段」をのぼって解決できない

いまでも覚えていることがある。

2001年に、スウェーデンで研究者の道を進みはじめた頃のことだ。ちょうどイギリスの長期滞在を終えて戻ってきたばかりのときに、職場の先輩がとある会議の話をしてくれた。

社会庁で開かれたその会議には、同じ職場の部長が出席していた。会議の議題は、スウェーデンにおける肥満予防について。そのときにはすでにアメリカやイギリスが数十年前に経験したのと同じ肥満増加の兆候がスウェーデンでも見られはじめていて、その兆候がどこに向かっているのかも明らかだった。

しかし、その先輩から聞いた会議の話に、私はショックを受けた。肥満はたいした問題ではなく、階段を多めにのぼったり、ケーキを食べるのをあきらめたりするぐらいで十分だというのだ。

もちろん、社会庁の人材は最高に有能でなければならない。しかし、現実は違ったようだ。そのあとスウェーデンの人口の半数が肥満となった現状を鑑みると、スウェーデン当局や国民の代表者たちの肥満に対する認識や態度が改善されなかったことは明白だ。肥満に対する偏見は、正されることなく助長されてしまったのだ。

もし、肥満が理由で病院に受け入れてもらえなかったのではないか、病院で差別的な待遇を受けたのではないかと感じているなら、その感覚は正しい。

多くの研究によって、**医療従事者が肥満の人に対して種々さまざまな偏見をもっていて、そのことが肥満患者の治療と看護に多大な影響を及ぼしている**ことが明らかになっている。

常に姿勢を「前向き」にする

私たちが遭遇するもっともひどいハラスメントは、私たち自身の心の中の葛藤だ。あなた自身が自分の外見に対して、否定的かつ断罪的な考えをもっていることから、この葛藤が起こる。

たしかに、いちばんひどい加害者が自分自身とは奇妙なことだ。あなたは自分のあらゆる欠点を知り尽くしているだろうが、そういった欠点も含めて自分の中身と見た目にポジティブな気持ちをもつことが何より大切だ。

自分を受け入れ、感謝することを学ばなければならない。

では、どうしたらそのような気持ちになれるのだろうか。

肥満に対する偏見やいじめのような内外からの圧力に影響されない最善の方法は、**何事にも自尊心をもって取り組み、自分自身に対して前向きな姿勢を保つこと**。自分を苦しめるダイエットという狂気への扉が大きく開かれるのは、自分自身を嫌悪するときだ。

ここまで読めば、あなたの体重が増えた理由と、ダイエットがうまくいかない原因を理解できただろう。私たちはみな、それぞれ異なる他者の外見を広く認めるべきだ。そして、自分自身の外見も受け入れる必要がある。

Column

親である人に伝えたいこと

肥満を生む土台は、幼児期に多様な方法で形成される。そのため、子どもの体重と健康に関して、子育てにかかわる親は重要な役割をはたす。ここで、肥満の子どもをもつ親に、いくつか伝えたいことがある。

あなたは子どもの肥満の責任をすべて背負う必要はなく、そして当然のことながら、それは子ども自身にもあてはまる。私たちが親としてできるかぎり最善を尽くすのはあたりまえだ。しかし、それは実際にやろうとすると簡単ではないし、多くの間違いを犯すものだ。

時間をさかのぼり、子どもの肥満に影響を与えた可能性があるものをすべて把握するのはとうてい不可能だ。さらには、遺伝子や胎児期間に受けた影響、出生時体重などは、その後の子どもの体重を大きく左右するものの、私たちにはほとんど手出しできない。

また、マーケット重視の食品業界によって健康的な食品の選択肢が最小限に抑えられている点も、個人が手に負えるものではない。

次に、**子どもの体重管理にとらわれるあまりに、そのことが肥満の状況を悪化させるリスクがある**ことも知ってほしい。

健康的な習慣をつくることにできるだけ焦点を絞るようにしよう。体重に関してハラスメントをするなどの、子どもを不健康な習慣や精神疾患に導きかねないことは絶対にしてはいけない。子どもたちに対して、必要なものを与えることこそが大切なのだ。「愛情」や「ぬくもり」、「尊敬」、「寛容さ」が得られれば、子どもの内面は安定し、長期的には良好な体重変化が期待できる。

それと同時に、ほかにもまだ自宅でできることがあるはずだ。お菓子やソフトドリンク、砂糖や精製穀物を多く含むジャンクフードに子どもを慣れさせてはいけない。**あなた**

も子どもも、その誘惑から逃れるにはそうした食べ物を買わないのがいちばんである。

まず、自宅ではつねに質のよい料理を子どもに食べさせよう。栄養価の高い、豊富な種類のフルーツや野菜も忘れず食べるよう心がけたい（201ページのヒント参照）。買い物には可能なかぎり子どもを連れていき、料理に積極的にかかわらせるようにしよう。そして、食事、とくに朝食をきちんととるきっかけを与えよう。食事は家族みんなで一緒にとり、大切な家族の時間として子どもにも優先させるようにする。

また、ウォーキングやサイクリング、スポーツクラブの活動などに子どもが定期的に参加できるようにし、子どもが座りがちになる携帯電話などの利用時間を最小限に抑えよう。

これらのことから徐々に始め、あなたが子どもたちの模範となることを期待したい。

7章

「スーパージャンクフード」はものすごく悪い

「工業製品」を食べるようなもの

本章は、ニューヨーク大学グローバル公衆衛生学部博士課程（栄養疫学）で「スーパージャンクフード」の健康への影響を研究するフィリッパ・ユールとの共同執筆である。

肥満をとりあげる本において、食べ物は避けて通れない重要なテーマだ。結論からいえば、**１００年前と同じものを食べていれば、私たちが肥満になることはない。昔の食べ物は、「本物の食べ物」だから**だ。

いまこそ、「脂肪／炭水化物／タンパク質」といったように食べ物を個々の物質で捉える行き詰まった議論から離れ、**「食べ物の質」**に焦点を当てるときだ。

「シンプル」に考えて食べる

「食」は、話題に欠くことのないテーマだ。

メディアには、私たちの興味をそそる情報があふれている。私たちは料理の腕を競い合いながら、歴史を学び、暴露話や論争をし、文化、トレンド、喧嘩に雑談と、さまざまな情報を得ている。食とは、たんに体のニーズに応えるためのものではなく、ひとつの文化であり、感情や視覚的な欲求を満たすことも重要な役割といえる。

私たちは時間とお金の大部分を食に費やしている。そのため、食と感情のつながりが深いのもうなずける。

生まれたばかりの頃、お腹が空けば泣き、お腹が満たされればすやすやと穏やかに眠ったはずだ。生まれたときからずっと、食べ物は私たちの生命、危機、調和といったものと深くかかわっている。

あたりまえのことだが、食に関する議論と運動に関する議論は異なる。運動は、やったかどうかが重要であって、中身はさほど重要ではない。そのため私たちは、運動に関してはどこか客観的な議論をすることが多い。しかし、食に関する議論が行われるときは、テーブルの下にピストルを隠しもっているかのごとく、緊迫した空気が流れるように思う。

食に関するアカデミックな分野では、多くの研究が行われ、その成果がきちんと伝えられているおかげで、現代社会に生きる私たちが、身をもって食品の安全性を試す必要はまったくない。

しかし、食の議論には、ある種の曖昧さや個人的な見解がつきものなので、食品の良し悪しを正しく判断したい人は混乱させられることも多いだろう。食品に関する議論は、多くの点で脱線し溝にはまっている。議論のなかで聞こえてくるのは、公平で根拠のある意見ではない。**声高な意見がまかり通っているにすぎない。**

よい食品の定義はとてもシンプルだ。しかしその一方で、新しい概念と捉え方も必要になってきている。今日、食に関する問題の真相を突き止め、私たちが食べるべきものの全容をもう少しはっきりさせなければならない。

私たちが口にするものは、脂肪や炭水化物やタンパク質がばらばらに分別されたものの山ではない。さまざまな種類のあらゆる栄養素の集合体としての食品を摂取しているのだ。複雑にこんがらがった状況を解きほぐし、食にかかわる深刻な問題とそれに対する取り組みについて、もう少し整理することもできるはずだ。

「炭水化物」を避けてはいけない

私は、学術会議に出席した経験はそこまで多くないが、会議での議論は砂場遊びのようだと思っている。だが残念なことに、そうした場にはよくダイエット分野で有名な研究者たちも加わっている。

数年前に出席したアトランタの学術会議は、私の知るなかでも最低のものだった。セミナーでは、脂肪、炭水化物、タンパク質がどのように肥満にかかわっているかについて議論されていたが、半分も終わらないうちに嫌になってしまった。

ハーバード大学、イェール大学、プリンストン大学からやってきた3人の教授の話や、彼らが繰り広げる肥満の犯人捜しのような議論に、有益な情報はなかった。「肥満につながるのは炭水化物だ！」「いや、問題は脂肪だ」と叫ぶ声が響いていた。スウェーデン人の同僚は、その様子を「3匹のワニが議論しているようだ」と言った。

ここまで読んだなら、脂肪や炭水化物やタンパク質を個別に捉える従来の議論に代わり、もっとすぐれた方法が必要だと理解できるだろう。たとえ炭水化物を敬遠していても、炭水化物は体に不可欠な栄養素であり、少量でも野菜などから補う必要がある。このことは、脂肪やタンパク質についても同様だ。

考えるべきは、脂肪や炭水化物やタンパク質をどうするかではなく、**食べるもののクオリティ**ではないだろうか。

オレンジジュースは「オレンジ」ではない

食品のクオリティについて議論する前に、まずはその歴史に触れておきたい。

カロリーや個々の栄養素についての議論があらゆる点で行き詰まっているのはなぜだろうか。


食品そのものではなく、炭水化物、脂肪、タンパク質、水分、ビタミン、ミネラルなどの成分を重視する考え方の始まりは、人類が食品の化学組成を研究しはじめた19世紀までさかのぼる。この研究によって科学分野としての栄養学が発展し、栄養素の知識と、その摂取と代謝に関する人体の働きの知識が豊富になったことで、西洋諸国では食品の見方が大きく変わった。

それは同時に、炭水化物、脂肪、タンパク質の含有量に基づく食品の分類の始まりを意味する。オートミールやパン、米、イチゴ、オレンジジュースなどじつに幅広い食品が炭水化物として分類され、一方でアボカドやバターやチーズ、そしてポテトチップスをはじめとする油で揚げた野菜は高脂肪食品と呼ばれるようになった。

この考えに基づくと、異なるふたつの食品でも成分が同じなら栄養的には等しく、健康への効果も同等ということになる――だが、はたしてほんとうにそうなのだろうか?

私たちは、この仮説が真実ではないことを知っている。オートミール、オレンジ、オレンジジュース、ソフトドリンクを例に考えてみたい。**化学的な分類では、これらはおもに炭水化物から成るが、生理学的な効果は完全に異なる。**

オートミールとオレンジにはさまざまな種類の繊維質が含まれているため、飽和度が高く、炭水化物の吸収が遅い。一方で、オレンジジュースとソフトドリンクの主成分は砂糖であり、繊維質は含まれないため、炭水化物の吸収が速く、満腹感を得られず血糖値とインスリン分泌量の急上昇を招く(ソフトドリンクの場合は必須栄養素すらない)。

科学の進歩とともに、炭水化物や脂肪、繊維質にはさまざまな種類があり、その影響もみな異なることが判明した。しかし、私たちは、その食品の栄養素のすべてを測定できるわけではない。そのため、**化学成分が同じでもふたつの食品が栄養的に同等と保証することはできない**のだ。

研究によって繰り返し明らかにされているとおり、食品の成分とその成分が健康へ与える影響は、かつて私たちが考えていたより複雑だ。それにもかかわらず、肥満に関する研究者たちは方針を変えることを拒み、元凶が炭水化物か、それとも脂肪かといった議論を相変わらず続けているのである。

「常識」はコロコロ変わる

どうやら、個々の栄養素にこだわるあまり、私たちはもはや食品や食事の全体像を捉えられなくなっているようだ。

1970年代から80年代にかけて、国とマスコミは脂肪とコレステロールが肥満と心臓病の根源であるというメッセージを繰り返し発信していた。その情報をすばやくキャッチした食品業界は、チーズからサラダドレッシングやケーキにいたるまで、すべて低脂肪あるいは無脂肪のバージョンを製造するようになった。

店の棚を埋めつくすのは、砂糖とでんぷんがたっぷり詰まったフルーツ風味の低脂肪ヨーグルトや、パッケージにかわいいトラのキャラクターが描かれた子ども向けコーンフレークなどのダイエットフードや食料品。そして、アボカド、ナッツ、卵などの高脂肪または高コレステロールの天然の食品は肥満を招くといわれ、不健康とみなされた。

20年後の私たちが目にするのは、まったく正反対の状況だ。マスコミはしきりに「脂肪は健康的で、炭水化物は危険だ」と言いつづけている。もちろん食品業界もこの傾向に追随し、低脂肪のケーキは無糖のケーキに取って代わられている。そして、混乱のさなかにいる消費者は、何を食べ、誰を信じればいいのかわからず戸惑っている。

さまざまな考え方を容易に試せるために、やせたり太ったりを繰り返す「ヨーヨーダイエット」に陥ってしまう人がいるのも当然だ。

食べ物が「工業生産」されている

いまや、クッキーに含まれる糖分や脂肪分といった表面的な成分の数値にとらわれず、一歩下がって**「食品の製造方法」**といった品質面に関心を移すときだ。無脂肪、あるいは無糖であっても、クッキーがジャンクフードであることに変わりはない。

約10年前、ブラジルの栄養学者で医師のカルロス・モンテイロは、食品の全体像を捉え、ひとつひとつの栄養成分ではなく、製造方法を明示するすぐれた手法を開発した。モンテイロは、ブラジルが欠乏症や栄養失調との苦闘から、肥満や2型糖尿病、心臓病との闘いに移行するさまを見てきた。どこかで道を間違えたのは明らかだった。

伝統的なブラジルの食事は、米や豆、肉、野菜、果物、そしてたっぷりの砂糖と脂肪分を含んでいた。しかし、1980年代まで、ブラジルで肥満になる人は少なかった。

その後、ソフトドリンクやポテトチップス、スイーツ、朝食用シリアル、缶詰、菓子パンなどの欧米の食品が、巨大食品産業を通してブラジルに流入したのを機に、ほかの国々と同じく、地場生産品は姿を消していった。米、豆、果物、野菜、食用油、グラニュー糖の売り上げは急減し、代わりに朝食用シリアルやフルーツドリンク、ハンバーガー、乳飲料、塩味のスナック菓子、ソフトドリンク、ケーキ、ビスケットなどの既製品がますます売れるようになった。

モンテイロは、こうした状況と肥満、糖尿病、心血管疾患の急増には関係があると考え、健康な食品（そして、本物の食品とは何か）について再考すべきだと確信した。ブラジルなどの国々で、食料品店の棚を埋め尽くしはじめたものは、「かろうじて食べ物」と呼べる代物だった。

いや、**「食用製品」**と呼ぶべき代物であり、工業生産された脂肪や砂糖、甘味料、塩、さまざまな添加物の塊だ。原材料はほとんど（あるいはまったく）含まれていない。不幸な展開だが、それは世界的な食品業界が数十年前に選択し、国や地方の有力な業界関係者らも追従した結果なのだ。

モンテイロは、栄養成分の代わりに、食品の品質と製造方法に基づいて分類する方法を編み出した。つまり、どのような化学的および物理的プロセスを経たかを明らかにする手法である。

別の見方をすれば、**食品になる過程で原料にどの程度手が加えられたかということと、原材料のうちどれくらい食品工場で生産されたものが含まれているかの割合を示すもの**である。

「ビタミン」が押し出される

「NOVA」と呼ばれるモンテイロのモデルでは、食品はすべて4つのグループに分類される。

1　最小加工食品
2　加工調理材料
3　加工食品
4　超加工食品

1　最小加工食品

原材料および食品のうち、収穫（動物由来の場合は食肉処理）からほぼ加工されず添加物を含まないもの。果物、野菜、卵、生鮮または冷凍の魚や肉、乾燥豆類、オートミール、無塩ナッツ、穀物、牛乳、天然ヨーグルト、サワーミルクなど、最小限の加工を施された食品をさす。本物の食べ物、英語では**「ホールフーズ」**（whole foods）と呼ばれる。

2　加工調理材料

通常調理で使用される、塩、油、砂糖、バターなど。

3　加工食品

最小加工食品や加工調理材料をもとに多様な方法で調理または保存された食品。トマトの缶詰、酢漬けニシン（人工添加物を含まないもの）、スモークサーモン、チーズ、ハムなど。

4　超加工食品

おもに加工された調理材料（油脂、塩、砂糖、でんぷん）とさまざまな種類の添加物（香辛料、香料、保存料、加工でんぷん着色料など）からなる食品。砂糖や小麦粉、でんぷんなどの精製炭水化物を大量に含み、繊維質はほとんど含まない。

すぐれた料理というのは、最小加工食品と加工調理材料からつくられ、ときに加工食品（チーズ、ワイン、トマトの缶詰など）も用いられる。

超加工食品は、健康と病気の観点からもっとも注意すべきものだ。精製炭水化物はすばやく血液に吸収されるので、血糖値を上げインスリン分泌量の増加を促す。これは野菜や全粒粉など、多くの繊維質を含む炭水化物源とは異なる特徴だ。

インスリンの働きによって、体は脂肪などの余剰エネルギーを蓄積するのに十分なエネルギーがあることを認識する。血糖値が急速に上昇するとインスリン濃度も上昇し、直後に血糖値の急激な低下を招くため空腹ホルモンが増加して、高ＧＩ食品のようなすばやく空腹を満たす食べ物への欲求が高まる。

一般的な超加工食品には、最小加工食品がほとんど、あるいはまったく含まれていない。つまり、**超加工食品に含まれる「本物の原材料」は皆無に等しい**のだ。

超加工食品の製造過程では、通常の家庭での調理には用いられない技術がよく使われる。そのひとつが**「押出成形加工」**だ。この技術では、**材料を非常に高い温度で熱し強い圧力をかけるので、材料本来の構造が変化する**。そのため超加工食品は、脂肪がきわめて多く含まれているものの、ビタミンやミネラルといった栄養素はほとんど含まれない。

超加工食品の特徴のひとつは、手間がかからない、つまり調理の必要がない点だ（たいていはレンジで加熱するだけ）。褒めていいかはわからないが、想像力豊かな食品生産者のおかげで、超加工食品のリストは長く伸びつづけている。朝食用シリアル、粉末ソース、ポテトチップス、ソフトドリンク、ケーキ、お菓子、ほとんどの冷凍食品、甘いヨーグルト、ケチャップ、既製のサラダドレッシングやフライドフィッシュは、そのうちの一例でしかない。

添加物を含まずに焼かれたパンは加工食品だが、工場で製造されたパンは超加工食品である。パン屋で焼かれた天然酵母パンと工場で焼かれた食パンの成分を比較してみれば、その違いは明らかだ。肥満や糖尿病の人が増加している問題の背後に、広範囲に及んで横たわっているものの正体が見えてきたのではないだろうか。

超加工食品の消費量が「爆増」している

実際、私たちの食事と食品に生じた変化は、きわめて悲観的なものだ。

今日では多くの国で、私たちが口にするものの大半を超加工食品が占めている。スウェーデンの超加工食品の消費量は、**1960年から2010年のあいだに約140％増**

加した。それは一夜にしてではなく、忍び寄るように起きた変化だった。

私が食習慣の変化の例として引き合いに出すのは、1970年代の終わり、私が子どもだった頃によく見られた光景だ。

クリスマスイブや誰かの誕生日のような特別な日、私はきょうだいと330ccの炭酸飲料のボトルを分け合わなければならなかった。私たちは文字どおり、その炭酸飲料をモノサシできっちり測って分けた。アイスクリームを分けるときも同じだ。食べ物や飲み物を分けるには、ミリ単位の精度が要求された。そうしないと喧嘩になるからだ。

今日、子どもたちがアイスクリームやお菓子、ソフトドリンクを分ける状況は、その頃とはまったく異なる。子どもたちは真っ先に2リットルのボトルに飛びつき、そのままがぶ飲みする。

超加工食品が肥満（とくに腰回りの脂肪の増加）や高血圧、多くの癌、2型糖尿病などの病気と明確な関連性があることは、その製造過程を考えれば驚くことではない。

一方で、加工食品にはそのような病気との関連性はあまり見られない。最小加工食品にいたっては、果物、野菜、全粒粉、ナッツ、魚、マメ科植物などの多くが、肥満、糖尿病、心血管疾患を予防する効果があると証明されている。

NOVAによる食品の分類

■最小加工食品

・生鮮、冷凍、および乾燥野菜、果物、キノコ、レンズ豆、インゲン豆、エンドウ豆、ひよこ豆、ジャガイモ、その他の根菜類
・砂糖などの添加物を含まない乾燥果実
・米、キヌア、全粒小麦、ライ麦、その他穀物類
・小麦粉、穀物（例：小麦粉、オートミール、全粒オート麦、無糖の穀物ミックス）
・無塩および無糖のナッツ、ピーナッツバターおよび種実類
・生鮮／冷凍の魚、肉、鶏肉
・卵
・低温殺菌牛乳、天然ヨーグルト、サワーミルク
・小麦粉と水のみによって製造された乾燥および生のパスタ、麺類
・添加物を含まない絞りたて、または低温殺菌処理した果物および野菜のジュース
・新鮮、または乾燥のハーブおよび香辛料
・お茶、ハーブティー、コーヒー、水

■加工調理材料

・バター、生クリーム、サワークリーム
・植物油（オリーブオイル、ココナッツオイル等）
・動物性脂肪
・グラニュー糖、蜂蜜、メイプルシロップ
・塩
・馬鈴薯でんぷん、片栗粉、コーンスターチ

■加工食品

・チーズ
・パンおよびその他ベーカリー製品のうち、小麦粉、穀物、種実類、ナッツ、塩、水、イースト天然酵母、およびその他最小加工食品または加工調理材料のみで製造されるもの
・肉や魚の塩漬け、または燻製（ハム、ベーコン、スモークサーモン等）
・ピクルス、缶詰の果物や野菜、レンズ豆、エンドウ豆、ひよこ豆
・塩漬けの魚（ニシン等）と缶詰の魚や肉（マグロ、イワシ、缶詰のハム等）
・塩味または砂糖味のナッツや種実類
・ワイン、ビール、シードル

■超加工食品

・キャンディ
・ソフトドリンク、エナジードリンク、ジュース、乳飲料
・砂糖や塩を添加した朝食用シリアル
・香辛料と甘味料を添加したヨーグルトやサワーミルク
・粉末のソースやスープ
・香辛料を添加した即席麺
・ホットドッグ、フライドフィッシュ、チキンナゲット
・最小加工食品と加工調理材料以外のものからつくられた冷凍または冷蔵食品
・プロテインバーやプロテイン飲料
・小麦粉、イースト、バター、砂糖、塩のほかに、乳化剤、加工でんぷん、硬化油、合成香料等の添加物を含むパン、クッキー、デニッシュ、ケーキ

つまり、**病気を防ぐには、最小加工食品を中心に食べ、超加工食品の摂取を控えることが効果的**なのだ。もちろん、炭酸飲料やキャンディを一切口にしてはいけないという意味ではない。**超加工食品も、ときどき口にする程度なら大きな害はない**だろう。

大事なのは、食事の大部分がスーパージャンクフードをはじめとする超加工食品にならないようにすることだ。

体は「液状のカロリー」に気づきにくい

超加工食品は、味付けから包装や広告にいたるまで、あらゆるアプローチで私たちの欲望を掻き立て、より多く、より頻繁に超加工食品を食べるよう仕向けている。

この欲望に抗うのはむずかしい。私たちは、間違った摂食行動へと「誘導」されているのだ。そのため、私たちは、間違いを認識する方法を学ぶ必要がある。

脂肪と糖分（アイスクリームやケーキなど）や、でんぷんと塩（ポテトチップス、フライドポテト、ピザなど）といった組み合わせは、私たち人間にとって非常に魅力的だ。また、ソフトドリンクを除く超加工食品のほとんどには、水分と繊維質が含まれていないため、満腹度が低くなる。

ポテトチップスとゆでたジャガイモを比較してみよう。100グラムのポテトチップス（夕食のあとでもぺろりと食べられる量）は500キロカロリーほどである。だが、ゆでたジャガイモで500キロカロリー得るには、中ぐらいの大きさのジャガイモを9個から10個（約900グラム）ほど食べなければいけない。

また、人の体は液体状のもののカロリーを認識しにくいため、炭酸飲料に使用される液糖も非常に厄介な存在だ。

結果として、満腹感が得られないため大量に摂取してしまう。さらに、液体に含まれる糖分は体にすぐに吸収されるため、血糖値が急上昇する。しかしその状態は持続せず、血糖値は上昇と同じ速度で低下するため、少しずつ体が疲れ、もっと炭酸飲料を飲みたくなる悪循環に陥る。

おまけに、コーラには依存性のあるカフェインも含まれている。

人工食品は「神経」を刺激する

ポテトチップスやチーズスナックを食べないようにするのはむずかしいが、それには理由がある。食品開発の段階では、消費者の製品への欲望が尽きないよう食感を工夫したり、塩分や調味料を入念に調合したり分析したりして、開発に長い時間をかける。そのうえ、消費者の脳の報酬系の引き金をたしかに引けるかを確認するため、徹底したテストも行われる。

「ニューロマーケティング」と呼ばれる最新の手法では、製品を見たり、嗅いだり、食べたりした際の被験者の脳の活動が分析される。食品メーカーだけでなくあらゆる分野のメーカーが、製品とマーケティング戦略を人々の（しばしば無意識の）ニーズや好みに合わせるために、こうしたテクノロジーを使用している。

食べるものの大半が家庭料理から即席料理へ変わったことで、食品だけでなく、食事の時間や手段も変化した。砂糖、塩分、でんぷん、脂肪を多く含み、カロリーの高いジャンクフードは、手頃な価格で、食料品店やガソリンスタンドから地下鉄の駅にいたるまで流通し、調理する必要もなく、食べるときにフォークやスプーンさえも必要ない。

そのうえおいしいときたら、いつでもどこでも食べる人が出てくるだろう。

私たちの先祖は、狩猟や釣り、耕作をしなければ食べ物を手に入れられなかった。だが現代では、スマートフォンを自動販売機にかざし、近所のファストフード店に足を運ぶだけで、ソフトドリンクやハンバーガーが手に入る。食材探しや調理に時間を費やす必要はない。

こうしたスタイルは時間の節約になるが、社会的な影響はないのだろうか？　かつて存在した調理や食事などの共同作業は、いまではパソコンの前、ソファ、外出先での、不規則な時間に食べるつまみ食いや孤食に置き換わってしまっている。

空腹ではなくとも、退屈していたり、あるいはお菓子やソフトドリンクやポテトチップスを見たりしただけで、口に入れてしまうこともある。新聞やコーヒーを買うためにコンビニに行ったのに、シナモンロールやチョコレートケーキを衝動買いしてしまった経験はないだろうか。

このようなことが起こるのは、いったいなぜだろう？　これを解くカギは、のちに登場する「トリガーフード」「過剰消費」「どうにでもなれ効果」に隠されている。

「砂糖」も「塩」も摂りすぎ

超加工食品であるジャンクフードの問題点は、エネルギー（カロリー）摂取量が過剰になりがちで、脂肪として簡単に体に蓄積されてしまうことだけではない。**超加工食品ばかり食べていると、重要な栄養素であるビタミン、ミネラル、繊維質が不足してしまう**のだ。

超加工食品は、ビタミンやミネラルが豊富な健康食品として発売されることもあるが、たいていの場合、こうした食品には体が必要とする栄養素はほとんど含まれていない。

アメリカ、カナダ、ブラジルの研究によると、食事を超加工食品でとる割合が高いほど、ビタミン、ミネラル、繊維質、タンパク質の摂取量が少なくなり、調査対象者のなかで超加工食品をもっとも多く食べる人が、砂糖をもっとも多く摂取していることがわかった。

高カロリーで食欲を刺激する砂糖の摂取量が多すぎて、重要な栄養素が少なすぎるという組み合わせは明らかに問題だ。**肥満と栄養失調が同時に起こる**ことを意味する。

超加工食品の特徴のもうひとつは、添加される「塩分」だ。塩分は味をよくし、食欲を増進させる。

事実、**私たちの多くが摂取している塩分のほとんどは、家庭料理からではなく、既製食品から**である。

炎症を起こす「脂肪酸」がたっぷり

また、オメガ6系脂肪酸の含有量が多い一方で、オメガ3系脂肪酸が非常に少ないという点も無視できない。

オメガ6系脂肪酸は体内で炎症を起こす作用があり、オメガ3系脂肪酸は反対に抗炎症作用がある。健康を維持するには、オメガ6とオメガ3をほぼ同じ割合で摂取する必要があるが、**現代の西洋料理にはオメガ3の数倍の量のオメガ6が含まれており、体に慢性的な炎症を引き起こすことになる。**

炎症は、肥満や精神疾患を含む多くの慢性疾患の発症に関与している。

体を健康に保つための食品の重要性に関して私たちの知識が増えるにつれ、いわゆる「プレミアム製品」と呼ばれる新しいジャンルが登場してきた。プレミアム製品とは、ビタミン、繊維質、オメガ3系脂肪酸、ミネラルなどの体にいい栄養素をたくさん含んでいたり、砂糖や飽和脂肪酸などの体に有害な成分を減らして再構成されていたりする製品だ。

こういった食品はしばしば一般的な食品と比べて高価格で販売され、健康的なものとして売り出されている。

しかし残念ながら、**「プレミアム」は体にとって特別にいいことを示すものではない。**食品に添加できる栄養素にはかぎりがある。たとえば果物や野菜は体にいいという確固たる証拠があるが、**果物や野菜に含まれるさまざまなビタミンや抗酸化物質を被験者に与えても、野菜や果物を食べたときと同じ効果は見られない**のだ。

このことは、果物や野菜に含まれる無数の物質の組み合わせが体によい効果を与えるのであって、**栄養素だけを分離してサプリメントや朝食用シリアルに詰め込んでも意味がないことを示している。**

手軽な食事で「腸内フローラ」が乱れる

生のままなのか、加工されたものなのかなど、**「食べ物の状態」**も重要なポイントである。

過去10年間で明らかになったのは、消化器系に生息する数十億の細菌「腸内フローラ」が、人々の健康と幸福に与える影響がきわめて大きいという事実だ。

正確なメカニズムはまだ解明されていないものの、腸内フローラは体の免疫系と代謝恒常性（バランス）において重要な役割をはたしている。腸内フローラの乱れである「腸内毒素症」は、肥満、インスリン抵抗性、２型糖尿病、心血管疾患などを引き起こすとされる。そして、あなたが食べるものは、腸内フローラの組成と細菌の活動、あなたの健康全体に大きな影響を及ぼす。

食品の加工と調理は、食品の構造と物質の含有量を決定するため、結果的に腸内フローラに影響を与えることになる。そして、**超加工食品が中心の食事は腸内フローラに悪影響を及ぼす。**腸内フローラは栄養がないと繁殖できないからだ。

爆増する「超加工食品」

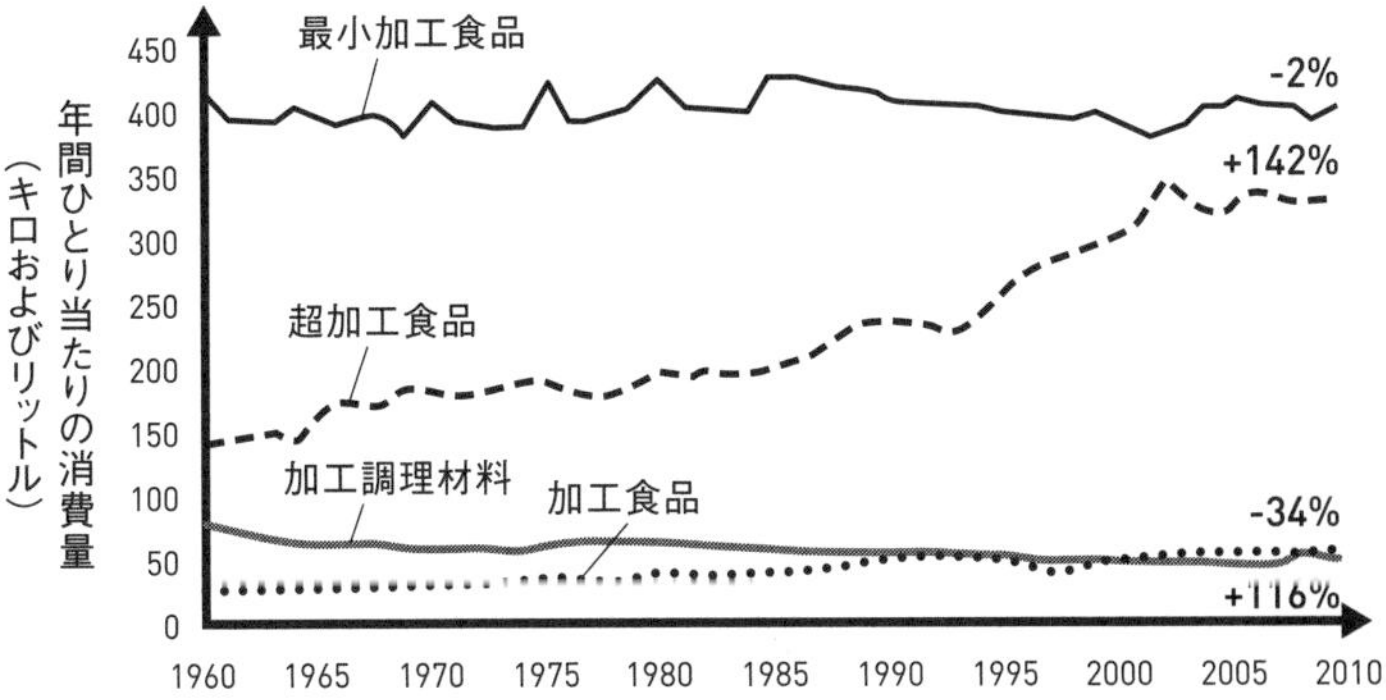

1960年から2010年にかけての
スウェーデンにおける超加工ジャンクフードの推移

植物性・動物性の食品はどちらも、栄養素が細胞内に閉じ込められているので、栄養素を吸収するには細胞を分解する必要がある。果物、根菜類を含む野菜などの植物は、細胞壁の大部分が繊維質であり、消化器系では分解しにくい。

そのため、一部の細胞は小腸で分解されず、続く大腸で腸内フローラの餌になる。実際、あまり加工されていない果物、野菜、マメ科植物、穀物が豊富な食事は、腸内フローラにプラスの効果をもたらすことが研究で判明している。

一方、超加工食品はおもに非細胞成分で構成されているため、そもそも細胞が存在しない。進化論の観点からいえば、これは人類にとっての食べ物に見られるまったく新しい現象だろう。人類は前世紀まで、蜂蜜、牛乳、卵を除き、細胞性食品しか食べてこなかった。精白された小麦でつくられたパンやソフトドリンク、お菓子などの無細胞食品が食事の大半を占める現在と比べてみてほしい。

こうした食べ物は、私たちだけでなく、私たちの体の中にいる腸内細菌にとっても新しい種類の食品だ。ある研究によると、**典型的な西洋の食事は、精製炭水化物、砂糖、脂肪、動物性タンパク質の割合が高いものの、果物、野菜、マメ科植物、全粒粉がほとんど使われておらず、腸内フローラの組成に負の変化をもたらす**。超加工食品によく添加される人工甘味料と乳化剤も、腸内フローラに有害だとされている。

「どうにでもなれ効果」でどうでもよくなる

10年ほど前に出席した学会で、ある人がちょっとした話を始めた。彼はその話のなかで**「どうにでもなれ効果（The What-The-Hell Effect）」**という言葉を使っていた。初めて聞く言葉だったが、職場の患者のほとんどが似たような話をしていたのを思い出した。

たとえば、一日中食べるものに気を遣っていたあなたが、とくに空腹というわけではないが、ごほうびとして甘いものをひと口つまんだとしよう。すると、そこから堰《せき》を切ったように、思った以上に食べてしまう。思い当たるふしがあるだろう。

このようにたったひと口で、あなたをいとも簡単にダイエットから脱線させてしまうのがジャンクフードの恐ろしさである。

食欲の引き金になる典型的な「トリガーフード」を摂取すると、体が分泌するインスリンやグレリンなどのホルモンを介して脳に影響を及ぼす。そして短期的に多くのカロリーを摂取することになる。

一方、本物の食品は、自然に満腹感を得られるため、ジャンクフードのように「どうにでもなれ」とやけになってしまうことはない（ジャガイモの例を思い出してほしい）。

ダイエットをしている人を待ち受けるジャンクフードの落とし穴は数多くあるが、これらはもちろん偶然ではない。ジャンクフード業界の最大限の努力によって、私たちはいたるところで衝動買いができるようになった。ガソリンスタンド、病院、地下鉄や電車の駅、道沿いから広場にいたるまで、あらゆる場所でジャンクフードが手に入る。おいしそうな写真に手頃な価格、なんといっても食欲をそそる香りが、あなたの五感を激しく刺激する。

大変な仕事を任され、忙しく過ごしたときなどは、食欲のトリガーフードに手を伸ばさずにはいられないだろう。たいていの場合「がんばったから食べてもいい」「罪悪感はあるけど、やめられない」などと言い訳を考えながらジャンクフードに手を伸ばす。

私たちが対峙しなければいけないのは、人間の心の弱さにつけこみ、消費拡大を図ってくる、世界規模の食糧供給の仕組みだ。そこには大人だけでなく子どもも巻き込まれている。テレビや映画の人気者で心を引きつけ、週末と休日（おもにクリスマス）はそうした食べ物なしには始まらない。

これが現実だ。この状況を解決するには、すぐれた解決策と、問題に関する知識がきわめて重要だが、私たちの誰もが選べる選択肢で落とし穴を回避することもできる。

空腹時に「満腹」になるまで食べる

さて、食べ物の基礎を構成するものは何だろうか。炭水化物や脂肪の話ではなく、食品全体の品質にかかわる問題である。

アメリカのジャーナリスト、ミシェル・ポランは、現代のフードチェーンとその課題を詳細に述べたが、それをeat／foods／not／too／much／mostly／plantsというたった7つの言葉に要約した。「食べ物を食べる（Eat foods）」、「食べすぎない（Not too much）」、「植物性食品を中心に（Mostly plants）」。

つまり、

（1）「本物の食べ物」を食べる

（2）退屈やストレスを感じたからではなく、「空腹時」に「満腹になるまで」食べる

（3）「植物性食品」を多く食べる。果物や野菜、ナッツ、マメ科植物（レンズ豆、ひよこ豆、インゲン豆など）と全粒粉などを多くとる

に尽きる。それほどむずかしいことではないが、無数の製品があふれる今日では、「本物の食べ物」を見分ける正しい指針と知識が不可欠だ。

具体的なヒント

■もっと「家庭」で

自分で料理をすると、料理に何が入っているかよくわかる。

時間的に余裕がないときや料理の経験が少ない人なら、簡単なものでもかまわない。手の込んだ料理をつくる必要はない。簡単な準備とほんの少しの材料で、すぐにできるシンプルな料理からつくってみよう。

■「一緒」に食べる

人間は社会的な生き物であり、大切な人と食事を分かち合うことはとても大事だ。私たちは、パソコンの前でピザをひとりぼっちで食べるようにはできていない。

誰かと一緒にする楽しい食事なら、料理ももっとおいしく刺激的に感じるだろう。

■「目立つパッケージ」を怪しむ

健康的な食料品のほとんどは、派手なパッケージに入っていないし、「繊維質増量！」「糖分30％オフ」「コレステロールゼロ」のような文句も書かれていない。

果物や野菜、オートミール、魚、卵、レンズ豆、インゲン豆などの新鮮、冷凍、および乾燥食料品が健康に与える効果は、それぞれ違う。

■「成分表示」を読む

一見すると同じに見えるふたつの製品にも大きな違いがあることが多い。本来ピーナッツバターは、ピーナッツと少量の塩だけでつくるものだが、硬化した植物油と砂糖を加えてビンをいっぱいにすることもできるのだ。

「よい食材」を使う

冷蔵庫や冷凍庫には、超加工食品ではなく体にいい食材を必ず入れておくようにしよう。以下は、簡単に用意でき、しかもおいしい本物の食品のリストである。

■「常温」で保管するもの

・オートミール、ライ麦、全粒粉
・無塩ナッツ（カシューナッツ、ヘーゼルナッツ、アーモンド、クルミなど）
・種（カボチャの種、ヒマワリの種、亜麻仁、ゴマ）
・全粒粉パスタ
・玄米
・キヌア
・スペルト小麦
・インゲン豆、ひよこ豆（乾燥または缶詰）
・レンズ豆
・ピーナッツバター、アーモンドバター（砂糖や油を添加せずナッツのみを含むもの。た

だし、塩を含む場合あり）
・人工添加物を含まない全粒粉パン（天然酵母で焼いたパンは非常によい）
・オリーブオイル
・菜種油
・塩、コショウなどのスパイス
・瓶詰に入ったカットトマトやトマトピューレ
・魚介類の缶詰。イワシ、マグロ、ムール貝など
・砂糖を添加しない乾燥果実（アプリコットなど）
・醤油、ワインビネガー
・オリーブなどのピクルス

■「冷蔵庫」に入れるもの

・野菜——ほうれん草、ケール、ブロッコリー、カリフラワー、ルッコラ、キュウリ、トマト、パプリカ、アボカド、ズッキーニ、ナスなど（最高の味と栄養価を考え、適切な価格で旬に購入する！）
・根菜類——にんじん、ビーツなど
・フルーツとベリー——リンゴ、ナシ、バナナ、キウイ、オレンジ、イチゴ、ブルーベ

リー、ネクタリン（こちらも旬のものを買うのがベスト。いちばんおいしいとき！）
・卵
・天然の無糖ヨーグルト、リワーミルク、カッテージチーズ
・牛乳
・バター
・人工添加物を含まない高品質のチーズ
・豆腐やテンペなどの伝統的な大豆製品（大豆ソーセージやハンバーガーなどの大豆タンパク質からつくられた超加工大豆製品は避ける）
・魚介類——サーモン、タラ、エビ（生。冷凍なら冷凍庫）
・鶏肉（生。冷凍なら冷凍庫）
・肉を食べる場合は、量より質を優先しよう。研究によると、肉を大量に食べることは私たちの体と地球にとって健康的でないことが明らかになっている。肉は主菜ではなく、付けあわせとして使うようにする。

■「冷凍庫」に入れるもの

・冷凍野菜——グリーンピース、ほうれん草、トウモロコシ、ブロッコリー
・冷凍ベリー

・冷凍魚、肉
・調理する時間や疲れて余力がない日のための自家製冷凍食品。スープやシチューをつくるときには、レシピを2倍にして残ったものを冷凍する。次にお腹が空いて買い物ができないときは、過去の自分を褒めてあげよう。

Column

カネと政治としてのジャンクフード

これまで人類は、カロリー、炭水化物、タンパク質、脂肪などの意味を知らないまま、身のまわりにあるものを食べて暮らしてきた。欠乏症や栄養失調はいたるところで見られたが、その原因は不作や貧困や栄養の偏りであり、栄養に関する知識不足ではなかった。世界中の伝統的な食文化を見てみると、食品に含まれる栄養に関する知識などなくても、手に入る食材を使って発展してこられたのだとわかる。100年前のグリーンランド、アマゾンのジャングル、日本の家庭料理はタイプがまったく異なるが、どれもその土地でとれる健康的な食材が使われていた。

一方、今日では事情がまったく異なる。ここスウェーデンでは、自分が食べるものを自分の手でつくっている人はほとんどいない。人々が食べるものの大部分は巨大工業システム内で生産されており、食品を販売する食料品店はごく少数の経営者が支配している。

スウェーデンと同じように健康問題に苦しむほかの国々も、似た状況に陥っている。食品業界は基本、大規模な工業生産と貿易によって成り立っているからだ。このような方向で食品加工業界が進展していくと、工場や企業の所有者が一部の層に集中してしまう。つまり、ごく少数の巨大な国際的企業が、ジャンクフードを含む超加工食品の生産と取引の主要部分をますます握るようになるのだ。


巨大な企業は、目を引くようなパッケージングと強力なマーケティング戦略によって、果てしない消費拡大を図っている。店のレジ横に巧妙に陳列された「ひとつ買えば、もうひとつついてくる」お買い得商品などは、その一例だ。すべては過剰消費のために行われる。

■上客は「子ども」

ジャンクフードの悲しい側面は、**マーケティング手法と製品の陳列方法が、子どもをターゲットにしている**点だ。子ども向け映画の人気キャラクターを使用するのもそのためである。

昔から子どもたちに親しまれている製品といえば朝食用シリアルだが、今日の多くの朝食用シリアルは、砂糖の量から考えると「デザート」といって過言ではない。さらに、多くの子どもたちがシリアルと一緒に甘いサワーミルクやヨーグルトを食べる。朝、その日の最初の食事として口にすると、子どもたちの空腹と満腹のサイクルは正常とはいえなくなる。だが、じつに多くの子どもがこうした状況に苦しめられているのだ。

私の同僚らが大手食品会社の主任栄養士に尋ねたことがあった。サワーミルクとヨーグルトから砂糖を取り除こうとしないのはなぜなのか。返ってきた答えは「顧客が望んでいるから」だった。

親愛なる食品業界よ、どうか考えてほしい——食品は本物にかぎる。

■最高で最悪の食べ物

子どもの食事について議論するにあたって、ひとこと言っておきたい。代謝（体重調節、脂肪細胞）、内分泌（ホルモン）、神経（嗜好性、食欲調節）などの基本的な体の機能が大きく成長する時期においては、子どもをターゲットにしたジャンクフードの宣伝は慎重に行わなければならない。そのようなジャンクフードの例は数多く挙げられるが、誰もが見たことのある例といえばコカ・コーラだろう。

コカ・コーラは、スウェーデンサッカー協会のメインスポンサーのひとつになっている。同協会はコカ・コーラを「夢のパートナー」と呼び、継続的な協力を期待している。

つまり、広告権を売って資金を集めるつもりなのだ。

私たちは、食品業界がほかの業界と同じく金儲けに走っていることを知っている。それ自体は、別に奇妙でも物議を醸すことでもない。問題は、**最高の利益を生む食品が健康にとって最悪**だということだ。

残念ながら、その逆もしかりである。未精製の野菜や果物、豆、レンズ豆、ナッツ、全粒穀物など、私たちの体にとって最適な食品は、企業にとって儲からない代物なのである。

当然のことだが、本物の食材を育てるには多大な時間と労力を要する。これに関連してもっとも嘆くべきは、社会のなかでもっとも弱く、教育水準も所得も低く、体にいい食べ物が何かを知らない人々が、ジャンクフードをもっとも多く消費し、病気というかたちでもっとも高い代償を払わされている現状だ。

この状況は、表に現れた社会システムの機能不全そのものといえるだろう。

■「負の外部性」と「社会的ジレンマ」

ジャンクフードの「コスト」は、実際にそうした食べ物を消費しているかどうかにかかわらず、社会を構成する私たち全員が負わされる。これは**「負の外部性」**と呼ばれる現象だ。

この現象は、製品やサービスの「真のコスト」が生産者または消費者によって負担されるのではなく、第三者、すなわち「社会」によって負担されるということである。そして、そのコストはおもに病気（医療費が増加し、生産性が落ち込む）や環境問題として発生する。

これと関連する概念に、**「社会的ジレンマ」**がある。古典的な例としては、水産資源の乱獲というように海や水産物に起こった状況がある。すなわち、誤った公共資源の管理方法が原因で生じた状況だ。海から獲れるものには誰でも自由にアクセスできるため、公共資源に対して誰も責任を感じることがない。そのため、それぞれの人が自分の利益のために海が生み出せる以上の資源を獲ってしまい、公共資源が枯渇してしまった。

だが、すべての人が少しでも長期的に責任をもって行動するだけで、システムのバランスが保たれ、誰もが平等に水産物を獲れるようになる。

社会的ジレンマの例はほかにもあるが、このジレンマが表しているのは社会の根本的な弱点である。**一部の人がみずからの経済的利益を優先させることによって、公共資源の犠牲が生まれている。**

負の外部性と社会的ジレンマは、市場の根本的な失敗を端的に示す例である。だが、失敗を甘んじて受け入れる必要はない。市場規制によって、機能不全に陥った資本主義を正すことは十分に可能だ。残念ながら自主的な規制は望めないので、政治的な介入が必要とされるが、それこそまさに、さまざまな分野の研究者たちが長年求めてきたことでもある。

これまで、健康に関する分野で市場規制が見られたことはほとんどない。いまこそ、すべての政治家に問うべきだ。これ以上、食品業界が他者を犠牲にして金を稼ぐのを許していいのか、と。

8章 「リバウンド」をなくす

必要な9つのポイント

もし、まっすぐに自分自身と向き合う覚悟ができていれば、余分な体重を減らすための第一関門は突破したことになる。簡単に、そしていうまでもなく苦しくないダイエット法で。

体重を減らすにしても、カロリーを計算したり、5分おきに体重を量ったりする必要はない。関心を向けるべき対象は体重ではなく、次に挙げることだ。

・精神的、社会的、心理的に「安定した状態」を保つように心がける
・健康的でバランスのとれた「ライフスタイル」を維持する
・「ストレス」をためない

これらがうまくいけば、体重はたいした問題でなくなり、むしろあなたの支えになる。目標を達成しやすくするために、以下に9つのポイントをまとめた。順番には意味があるものの、自分に合ったものから始めてもいいし、同時に複数の項目に取り組んでも問題ない。とくに、「これならやれそうだ」とインスピレーションを感じたものにはぜひチャレンジしてほしい。

健康、ライフスタイル、体重というテーマは一生にわたって取り組むべきものであり、**急激なリバウンドを避けるにはじっくり時間をかけて慎重に進めていく必要がある。**新しいことを学ぶときに間違いはつきものだが、それが私たち人間の学び方であり、失敗しても次はもっとうまくいくはずだ。

♥ポイント① 「体重」をとらえ直す

正直に答えてほしい。あなたにとって、なぜ体重は問題なのだろうか。

体重に対する考え方は2つのタイプにはっきりとわかれる。

まず、自分の体に満足できない人の多くはダイエットをする傾向にある。一方で、体を大切にする人は、体と長期的な健康に対してポジティブな姿勢をもっている。後者の人にとって体重が減ることとは、**健康的な食事をとったり、運動したり、生活習慣を切り替えた**

体重のジグソーパズル
いくつものピースの組み合わせが肥満を招く

りしたことへのごほうびのようなものだ。そして、あなたが達するべき目標地点はここである。

もちろん、ポジティブな考えとネガティブな考えがときどき交錯する人も多い。だが、それはそれで問題ない。体は敵ではなく、あなたの友であり味方であることがわかるように、徐々に舵を切っていけばよいのだから。

余分なエネルギーが簡単に蓄積されるからといって、体には何ら問題はない。

■体を「いたわる」感覚で

これまで自分の体と格闘した経験がある人なら、体重が減らないフラストレーションの原因は肥満にあると考えがちだ。

だが、減量に取り組んだ経験はその人を賢くもすると、私は考える。

けっして体重にとらわれて、体を責めてはいけない。**長期的な成功への真の鍵は、自分の体を否定しないことにある。**そうすれば、体もあなたを求めていることに気づくだろう。

体への理解不足がフラストレーションを招いたという発見も成功への鍵のひとつだ。体をいたわり、体の声を聞くことを忘れてはならない。あなたが選べる体は、あなたの体だけなのだから。

自分の体の大切さに気づいたなら、この大切なステップをじっくりと実行してほしい。また、自尊心の構築に取り組む必要もある。とくに重要なのは、マスメディアの情報に溺れないこと。四六時中浴びせられる、挑発的で同じような見た目をした人たちの美しい映像は、あまりにも現実離れした理想にすぎない。

幸せを感じるために欠かせないのは、おいしい食事と、適度な運動と常日頃の活動、気晴らしと疲労回復、そして自分自身の心とポジティブに対話することだ。

ポイント② 自分の「過去」を調べる

ここまで読んでくれれば、あなたの体重が増えた理由がはっきりと見えてきたはずだ。つまり、コップからあふれた中身の正体だ。

まずは、あなたの人生の「棚卸し」作業をする必要がある。ここでまずスポットを当てたいのは、**「幼児期の過ごし方」**と**「肥満の発症時期」**の関係だ。

■「子どもの頃」を思い出す

あなたは人生の早い時期に、つまり成長の初期段階で肥満を発症しただろうか。それともある程度成長してから発症しただろうか。あるいはその両方があてはまるだろうか。

家族のなかに過体重の人がいる場合や、厳しい境遇で育った場合以外は、肥満をつくるほかの要因を特定する必要がある。

これまでの人生を振り返り、あなたのコップがどのように満たされてきたか、その経緯をたどれば、注意しなければいけない部分や何に取り組むべきかがはっきりする。

誰もが子どもの頃に厳しい時期を過ごす。だが、その厳しさの程度はさまざまであり、影響を受けた度合いも異なる。

あなたは成長する過程でメンタルヘルス、とくに自尊心にどれほど多くの影響を受けただろうか。

さらに非常に重要な点は、思考パターンと感情的側面に受けた影響だ。たとえば、現在のあなたがかっとなったり落ち込んだりするのは、今日起きたことが原因だろうか。それとも、原因は過去にさかのぼって見つけられるだろうか。現在の私たちの行動パターンの多くは、心理的、社会的、感情的に人生の早い段階で形成される。

これと同じ説明が、ストレスについてもあてはまる。あなたはストレスの多い状況にうまく対処できるだろうか。それとも、ストレスに飲まれやすいタイプだろうか。あなたのストレスのコップをあふれさせる原因は何だろう。こうした点は、長期的に適正体重を維持するために把握しておくべき重要なポイントである。

■運動は「少しずつ」始める

さて、人生の棚卸し作業で成長過程を振り返れば、現在のあなたの生活習慣と、その生活習慣がどのようにしてつくられたかを理解するための、重要なパズルのピースを手に入れたことになる。そしてそれは、あなたの食習慣、つまり食べる時間、食べる動機、食べるものの嗜好にもあてはまる。

また、**現在のあなたの運動習慣と、その運動習慣がどのように身につけられたかを考えてほしい**。まったく動かない人、ほんのわずかしか体を動かさない人は、その理由を自分に聞いてほしい。おそらく、なんらかの理由があるはずだ。たとえば、学校の体育やスポーツのイベントでいじめられたり、無視されたりしたような、苦い経験はないだろうか。もしそうだとすれば、大人になってからも運動が楽しいと思えないのは当然だ。

運動嫌いのあなたにとっては、運動を始めるのは相当な苦痛だろうが、いくつかのいい作戦がある（ポイント⑦を参照）。いちばんいいのは、**徐々に運動することに慣れるよう、一歩ずつ歩みを進めることだ。**

ポイント③「覚悟」を決める

長期間持続する変化を起こしたいなら、この部分をしっかり読んでほしい。将来に対してあなたが何を思い、何を感じるか。それが体重を減らせるかどうかを大きく左右することになるからだ。

■「今、この瞬間」に決断する

メンタルヘルスに関して、いい言葉がある――落ち込む人は過去に生きすぎ（通常は犠牲者の精神になる）、不安な人は未来を生きすぎる（うまくいかない可能性にとらわれる）。

体重というのは、あなたが経験したことの結果だ。そのことをあなたは理解しているし、過去を変えるためにあなたができることは何もない。しかし、過去にあったことにとらわれつづけるのをやめることはできる。

ライフスタイルを変えるためにとるべき積極的な姿勢や、あなたが負うべき個人的な責任をはっきりと指摘することまでは、私にもむずかしい。だが、あなたがゆっくりとその方向に一歩踏み出すのを手助けすることは可能だ。

ここで重要なのは、否定的な考え方や思想を捨てられるかどうかは、**「いまこそ古いものを捨てて、先を見すえるときが来た」**と覚悟できるかどうかにかかっている。場合によっては、治療と助けを外部に求める必要があるかもしれない。それでも当事者はあなたなのだ。

あなたは他人の行動に寛容だろうか。自分自身の行動に寛容だろうか。私たちは、子どもとして、親として、友人として、上司として、同僚として、最善を尽くす必要がある。しかし、誰ひとりとして完璧な人間はいない。誰もが欠点をもっていて、ときに失敗もするのが人間だ。

集めた古い「ごみ（ジャンク）」はごみ袋に入れて口をしばり、回収箱に投げ捨てたほうがいい。

ポイント④　「長期間」取り組めるやり方で

私は過去20年にわたって肥満に関する研究を続けてきたが、私がさまざまなダイエット法に特別な関心を抱かないことを、読者のみなさんは奇妙に思うかもしれない。特定の種類の食品を積極的に制限したり、偏った食事をとったり（低炭水化物ダイエットなど）、食事制限をする期間を決めたり（5：2ダイエットなど）するなど、世の中にはあらゆるダイエット法があるにもかかわらず。

■「モチベーション」に頼ると失敗する

これまでにとんでもないダイエットレシピが登場してきたが、最近はいくぶん落ち着きを取り戻したように感じる。多くの人がダイエットにうんざりし、効き目が長続きするダイエットレシピを求めている。海水浴シーズンだけでは意味がない。

ダイエットシューズのようなものに関心をもちはじめたら、事態は最悪の結果を招くだろう。**ダイエットをするなら長期的に、できれば生涯にわたって無理なく続けられるものでなければならない。**

そうでなければ、減らした体重は当然のようにあなたのもとに帰ってくる。ここでも、あなたは自分自身に対して正直であることが肝心だ。

あなたは、モチベーションが低く、退屈でむずかしいと感じたときでも、長期間のダイエットに取り組めるだろうか。それとも、以前の状態に戻ってもいいと思うだろうか。モチベーションはつかの間の恋人のように長続きしない。そのため、安定した習慣がなければ、遠からずリバウンドを招くことになる。

■ダイエットは「心理学」である

ダイエットシューズのようなものに飛びつくことで懸念されるのは、健康面に表れる影響だ。本来、健康のためのはずのダイエットが、減量を追い求めるあまり、十分な栄養を含まない食品の摂取を招き、本末転倒の結果になるのもめずらしくない。

さまざまな種類の栄養価の高い食品をとらないと、免疫システムなどの機能低下を招く。ダイエットのために特定の種類の食べ物を制限することは、リスクをともなう――減量と引き換えに、長期的な健康を犠牲にしないよう注意が必要だ。

ダイエットに成功する人の多くは、食べるものに関して慎重な選択をする。

私たちは、この事実をしっかり認識したほうがいい。ここからいえるのは、**すべてのダイエット活動では心理的要因が体重を減らせるかどうかに影響を与え、その影響力は食品**

に含まれる栄養成分よりはるかに大きいということだ。

プラセボ効果も減量に大きな役割をはたす。この効果はけっして否定的なものではない。人は往々にして心理的な効果を、体の働きとしての生理学的な効果から説明しがちだが、実際には生理学的な効果以外にも多くの要素が関係している。これは、ダイエット活動において心理的な効果が限定的、または無関係でないことを意味する。

とくに、食欲のコントロールに与える効果は大きい。ダイエットというのは、生理学だけでなく、同じぐらい心理学にもかかわる問題であることを忘れてはならない。

■「自然なもの」を食べる

多くの人にとって、食事は体重管理を含む健康を決定的に左右する要因だ。だが、私はとやかく口を出す立場にはない。あなたの心と体をもっとも調子のよい状態に保つ食べ方を知っているのは、ほかならぬあなただ。

しかし、食べ物とその食べ方に関しては、基本的なことを踏まえる必要がある。

食事はなるべく自然なものを選ぼう。体は栄養豊富な自然食品を最適に分解して、心身ともに良好な調子を保つようにできている。果物、野菜、根菜類、ナッツ、マメ科植物、ジビエ、ハーブなどの自然食品がふさわしい。

人間はそれほど多くのエネルギーを必要としないものの、栄養と水分は不可欠だ。さまざまな種類の自然食品を食べることができれば、体が必要とするものを確実に摂取できる。

■ジャンクを「少し」でやめる

できるだけ多くの人に知ってほしいのは、**体にあまりよくないとわかっている食品でも、食べる量が少しなら問題はない**ということだ。問題なのは食べる量であり、お気に入りのチョコレートやビスケット、アイスクリーム、または食欲の「トリガーフード」となるものが少量で我慢できなくなったと感じたら、買い物リストからそれらを完全に削除することを考えたほうがいい。

そのような状況になったときにこれらを家に置いておくと、やがて毒へと変わるだろう。

もうひとつ大切なのは、**「食事を規則的にとる」**ことだ。

食事を抜くとストレスレベルが上昇し、強い空腹感が引き起こされ、甘いものが食べたくなる。健康的でバランスのよい食事をとるためには、規則的な食事によって血糖値とインスリンを安定させることが必要である。

これは夜間の空腹を防ぐことにもつながる。規則正しい食事をするにあたって重要なのは朝食で、そのあと一日を健康的に過ごす土台づくりになる。
子どもの場合はなおさらだ。

子どもには、砂糖がたっぷり入ったヨーグルトやサワーミルク、精白パンを与えてはいけない。食欲をさらに刺激することになり、集中力を低下させるなどの悪影響を与えるからだ。

■「時間」をかけて食べる

しかし、食べ物を「問題」とみなすべきではないし、何が良いのか、悪いのか、と被害妄想に陥る必要もない。**食事とは、ゆっくり時間をかけて楽しむべきものだ。**栄養やエネルギーを摂取することだけが目的ではない。食事は人を幸せな気持ちにし、人と人との交流を育む。

だが、夕食に友人や親戚を招待したからといって、ペットボトルの炭酸飲料を4本も買ったり、目の前にポテトチップスやお菓子を山ほど並べたりしなくてもいい。子どもには、親として健康的な食事を重視している姿勢を示し、子どもと一緒に買い物に行ったり、家庭菜園やキッチンで子どもと一緒に過ごしたりするよう心がけてほしい。

私たちは、多くの点で食べ物を不必要に複雑にしてきた。たとえば、食品業界のおかげで砂糖につけられた名称は、いまでは61個にまで増えてしまった。

食事は自然のままに、くつろぎながら、にぎやかに楽しもう。そして、それこそがもっとも簡単で長続きする「ダイエットの戦略」なのだ。

ニューヨークのようなトレンドに敏感な街において、とくに教育水準が高く食への関心も高い人は、「小規模／地産／スローフード／残さず食べること」を重視するようになった。まさに、先ほど紹介した「ダイエット」戦略にふさわしい考え方だ。もし、そこにもう少し「リラックスして」という考え方が加われば文句なし。

「自然に」ということを意識すれば、おのずと正しい食への道が拓かれるはずだ。

ポイント⑤「レジリエンス」を養う

レジリエンス——地中からアスファルトを突き破って咲く花のように、向かい風が強く吹いていても、きっとあなたなら人生を切り開いていけるはずだ。たとえいまの状況がベストでなくても、花を咲かせるだけの資質をあなたはもっている。
レジリエンス、すなわち「立ち直る力」が強い人は、困難に遭遇したとき、またはその苦難が通り過ぎたときに、ふたたび（何度も何度も）歩み出せる人のことだ。その一方で、簡単にあきらめてしまう人もいる。もしある時点で挫折してからずっと立ち直れずにいるのなら、おそらく間違った方向に進んでいる証拠だろう。だがそれでも、ときには内面的な力を発揮してふたたび立ちあがることが必要な場合もある。

これは一日で学べるものではなく、練習も必要だ。それでも、あなたはただの機械ではないことを理解すべきだ。人生に挫折はつきものだが、ふたたび立ちあがり、ときには誰かと力を合わせて乗り越えていけばいい。

困難に直面したときにそれに対処できる資質が、私たちには生まれつき備わっている。そして、この資質は必要に応じてさらに強くできる。しかし、トレーニングやエクササイズでもそうだが、たいして使ったこともなく、使い方を学んだこともない「筋肉」を鍛えることはできない。

まずは、この資質は誰にでも備わっていると認識しよう。すべての人がもっている資質。あなたも例外ではない。

では、立ち直る力を高めるにはどうすればよいのだろうか。レジリエンスと呼ばれるこの力を、心理学者は5つの要素に分けている。**「自尊感情」「楽観性」「人間関係」「コーピング」**（環境に対する精神的適応能力）、そして**「身体的健康」**の5つだ。

これらのピースが揃えば、心理的資本を手に入れて心身の健康バランスを上手に保てるだろう。

ポイント⑥ 「切り詰める」以外の方法で

当然ながら、体重に対する対処法はさまざまだが、大事なのは個々の状況に応じて最適な方法を見つけることである。

ひとりとして同じ人間はいない。そのため、数多くのタイプの解決策が必要だ。そして、同じ人であっても、生活環境や状況が変化すれば、その都度解決策も変えていかなければいけない。

肥満研究の道に入った最初の頃、私は脂肪に対処する方法は「規律」と「管理」しかないと信じきっていた。だが、少しずつその考えは変わっていった。とはいえ、規律と管理が悪いといっているわけではない。実際、それが苦にならない人にとっては最適な方法だろう。

■楽しむ「余裕」をもつ

規律が何より効果を発揮するのは、健康と体重に関する問題を解決するための新しい習慣に慣れなければいけないしきだ。このことは間違いない。

しかし、もうひとつ重要なことを伝えたい。**もし何かに成功するために汗や涙を流さな**

ければいけないとしたら、それは間違った方法である。たとえば、従来のダイエット法で、食事の量を減らしたために激しい空腹感に襲われるといった場合だ。

このような状況に長く耐えられる人などほとんどいないだろう。とくに、以前ほどモチベーションを高く保てなくなったときや、仕事のストレスが続いていたり、風邪などの病気になったり、旅行中だったり、睡眠不足になったりしたときは、規律と管理だけではダイエットはうまくいかない。体からの拒絶反応が強いからだ。

ダイエットに成功したいからといって、すべてを捨ててまで戦う必要はない。行きすぎた管理や規律よりはるかに大切なのは、バランスのとれた健康的な生活を無理なく送れる方法を見つけることである。

終始規律を守りながらの生活は、その人に大きな精神的苦痛を与える。とくに食事のような暮らしの営みのなかで欠かすことのできない行動に対する縛りは、大変なストレスになる。

管理する代わりに、あなたがしたいこと、楽しいと思うことをするのが肝心であり、これがダイエットを長続きさせる戦略である。私の新しい座右の銘は、「簡単にいけば、それが正解」だ。

体に何かを強制したりコントロールしたりする代わりに、体が発するシグナルをもとに体の状態を調整するというシンプルな方法は、試す価値がある。厳格なルールや過度なコントロールに頼らない、体と心の操作方法を学ぼう。

もちろんある程度の規律はあるだろうが、規律の首輪につながれてはいけない。そうでなければあなたはあっという間に窒息してしまう。

ポイント⑦　「運動」は世界最高の気晴らし

肥満の人のなかには積極的に運動をしない人が多いが、それにはしかるべき理由があるといえる。

ひとつは、肥満であることそのものが運動の妨げになっていること。もうひとつは、前述のように学校での楽しくなかった体育の授業や、これに似た経験が原因になって、ライフスタイルを変えるのがむずかしくなっているということだ。

■一日「30分」でいい

規則正しい運動ほど健康にいいものはなかなかないため、運動を遠ざけるのは非常に残念だ。

体は動くためにできている。花が水を求めるのと同じように、体には運動が必要なのだ。15年以上前、私は博士論文で、運動が肥満に悩む人に与える健康上の利点について取り上げた。当時、健康に与える運動の影響に関しては、100件から150件の研究報告や論文しかなかった。また興味深いことに、製薬業界は、運動と同程度の効果をもたらす分子を発明しようと躍起になっていた。

自然現象を人工的に再現するのは簡単ではない。目の前に川が流れているのに、なぜその川を渡って水を探しに行くようなことをするのだろうか。肥満の解消方法はじつに単純なことだったのだ。靴ひもを締めて歩いたり、サイクリングをしたり、自分に合った運動をするだけだ。

運動が人生に与える恩恵についてまとめると、(1)長期的に、(2)健康的に、(3)QOL(人生の質)を向上させるという3点に集約される。運動は健康を支える大事な骨組みのひとつであり、その鍵を握るのはあなた自身だ。

運動量に関しては大げさに考える必要はなく、一日30分でも十分である。

■「運動していない人」は効果が出やすい

運動には、知っておくべき別の側面がある。

一日中座りっぱなしの生活を送ってきた人が少しでも運動を始めると、その効果は健康

面にはっきりと表れ、その後も多くの変化が生まれる。

しかし、すでに習慣的に運動をしてきた人で、運動量をこれ以上増やせない場合には、さらなる健康増進は期待できない。

そしてもう一点、相当な量の運動をしなければ変化は生じないと考えていたとしたら、それは誤解だ。もし運動がきついと感じているなら、運動量が多すぎる証拠である。ぴったりとしたタイツを穿いてひたすら歩いたり、汗をぽたぽたと床に落として動きまわったり、トレーニングの最新トレンドについておしゃべりしたりする必要などない（スポーツジム業界も食品業界と同じく、新しいコンセプトを発明して私たちの消費を促そうとする）。

日々の運動こそがもっとも必要なもの——それはシンプルで、手頃で、安全で、しかも効果的だ。

運動が健康に与える利点と比べると、運動が肥満に与える効果はわずかなものかもしれない。しかし、運動があなたの邪魔をしたり、意欲を低下させたりするようなことはない。そのうえ、運動には精神的または感情的に安定する効果もあるので、減量を目指すうえで重要な要素である。

さらに**運動は質のよい睡眠をもたらし、運動をするときに脳から放出されるエンドル**

フィンはリラックス効果を生むため、ストレスを管理するのにも役立つ。こうしたことから、運動は触媒として、とくに心理面にポジティブな働きをするといえる。

運動が筋肉の維持に役立つことは前述したとおりだが、それ以外にも運動は、代謝を良好な状態に保つことで安定した体重を維持する働きもする。

■空腹がまぎれる

最後に、運動にはもうひとつ非常にすぐれた効果がある。夕方、脳があなたを台所に誘うときに、運動はすばらしい気晴らしになるのだ。

ストレスを感じた日の夕方に甘いものが無性にほしくなるのは、実際は一時的な飢えでしかない。空腹ホルモンのグレリンは夕方に上昇することが多く、その作用によって生じた空腹感は長くは続かない。しばらくすると、空腹信号は低下することになる。**散歩に出かけるなら、そのときがぴったり**だ。ソファに座って、グレリンが訴えてくる甘いものへの渇望にひたすら耳を傾けてはならない。

あなたに必要なのは、気晴らしという戦略だ。運動はあなたの支えになる。散歩は気晴らしにちょうどいい。

運動する習慣を新しく取り入れたい人のために、役に立つヒントがある。運動は非常にすばらしく、楽しいものだと思えるようになるまでに、数か月はかかるだろう。そのため忍耐は必要だ。**10分の散歩を週に2回といったように、徐々に始めなければならない。**

好きな音楽を聴きながら、またはポッドキャストやオーディオブックを楽しみながらするのもいい。誰かと一緒に歩いてもいいし、ひとりの時間を大切にしてもいい。自分にとっていちばん自然に感じられるやり方を選ぶことが大切だ。

ジムでの特別なトレーニングは、運動に慣れていない人にとっては不自然で、不必要だ。

とにかく毎日運動すること。最初は、自宅でできるようなもので十分だ。少しの運動でも、体重は減っていく。そのため、楽しいと思うこと、少なくとも退屈ではないことをするのが肝心だ。

ポイント⑧「エネルギーをくれるもの」で自分を満たす

人によって、食事のとり方はさまざまだ。たとえば食事のタイミングは、疲れているときや退屈なときだったり、場所も車の中や仕事を終えたあとでソファに寝転んでだったり、枚挙にいとまがない。

ご存じのように、習慣というのはじつに根深く、こうした習慣の一部については見直す必要がある。食べ物はエネルギーの源だ。そのため、**食事の習慣を変えるときは、同時にほかのエネルギー源を見つけるのがいい**だろう。

あなたにエネルギーを与えるものはなんだろう？　アウトドアライフは、ひとつの選肢になるかもしれない。

友人や知人と一緒に過ごす時間も、エネルギーの補給方法のひとつだ。できれば、ただ一緒に過ごすのではなく、散歩のようななんらかの活動をするのがいいだろう。音楽、芸術、創作活動もエネルギーを補充できる。近所の幼稚園をのぞいてみれば、人間が小さなときから「クリエイター」だということがわかる。

また、「マインドフルネス」という方法もある。マインドフルネスは食事のときにもできる。口に入れるものを意識し、ゆっくりと噛む。慎重に食べるものを選び、けっして食べ物を捨てない。さまざまな呼吸法のあるヨガや瞑想は、新しいエネルギーを効果的に与えてくれる技だ。瞑想は自分を深く理解し、心の平穏を得るための、そしてすぐれたストレス解消の手段となる。

規則正しい睡眠と休息にも同じ効果がある。休憩は自宅と職場の両方でとること。時計は外し、自然な生活を送る。コンピュータ、タブレット、スマホの電源は切る。インターネットやソーシャルメディアとつながらずに暮らし、自分の感情を観察してみる。**メンタ**

ルヘルスの問題は通常、ソーシャルメディアへのアクセスが減ると改善する傾向にある。

もちろん、完全にソーシャルメディアをやめる必要はないが、ある程度は制限したほうがいい。優先すべきは、あなたにエネルギーを与えるものである。

ポイント⑨ 自分の「セットポイント」を決める

人生はさまざまな局面で振り子のように揺れ、波のようにうねるものだ。しかし、ことが落ち着く頃にはたいていの人が疲弊し、気づけばダイエットはほったらかしの状態になっている。そして我に返って、慌ててバランスのとれた生活を求めるようになるのだ。あなたが向かう場所もきっとそこだろう。

目標を立て、それに向かって努力をするための知識や能力は、ライフスタイルをあらゆる面で変化させるために不可欠だ。長期にわたって安定した体重を保つことは、すなわちライフスタイルそのものを変化させることである。

私がおすすめしたいのは、バランスのとれた体重の考え方をすること、つまり自分のセットポイントを見つけて、それを維持しようとすることだ。その体重は、ライオン使いによる恐怖で抑えつけられることなく、長期にわたって維持できる体重のことだ。

このコンセプトが重視するのは、第一にあなたの「健康状態」である。それは**内面の安定であり、できるだけストレスの少ない状態であり、あなたに合った生活習慣**だ。体重は副次的な要素にすぎない。つまり、体重や外見に対しては、寛容な態度をとるべきだ。「自分は世間一般の人から見て美しくない」などとけっして考えてはいけない。

■体重減少は「ボーナス」のようなもの

食生活と運動習慣について考えるときは、体が喜ぶかどうかを判断基準にするといい。それと同時に、心の安定や生活習慣を左右する要因と向き合おう。

このタイプのアプローチで重要なのが、ストレス管理だ。ストレス管理は、心身を回復するための健康的な習慣づくりに役立つ。ストレスをうまく処理し、健康を害するような習慣から離れられれば、コップは簡単にはあふれない。特別な努力をすることなく、少しずつこうした生活習慣を維持していければ、体重のバランスがとれ、健康的なセットポイントにいたることになる（47ページの図の破線Cを参照）。

そのセットポイントは「標準体重」ではないかもしれないが、それでもあなたは心地よさを感じるはずだ。そして、**無理に標準体重を維持しようとするより、精神的に安定することのほうがよっぽど大切**である。

心理的・感情的な側面をさらに追究したい人は、そのまま歩みを進めてもらってもいい。その作業を通して得るものも多いはずだ。しかし繰り返すが、体重にこだわりすぎずに、もっと自然に体に起きる現象のほうに注目してほしい。航路を間違えてダイエットの沼にはまるのは、体重に目を奪われているときだ。

体重の減少はボーナスと捉えて、新しく運動を始めてみたり、食習慣を変えてみたりしよう。または、コップの中に溜まったものをしっかりときれいにして、ストレス解消を優先しよう。そうすれば成功のチャンスがつかめるだろう。

こうしたことに取り組み、体重が減りはじめると、体は体重の減少に対して「抗議」しはじめる。空腹を感じさせたり、体重の減少にブレーキをかけてきたりするだろう。これは、「これ以上体に無理強いしてはならない」サインだ。

そのときには、体重計の数字がどこに落ち着いたかを確かめてほしい。体重が落ち着いたとき、きっとあなたの体は健康で、あなたは心地よく暮らしているはずだ。あなたに適した体重で、理想的なライフスタイルに落ち着いていることだろう。

それこそが、恒久的な体重管理の成功への道のりである。

心の健康こそがもっとも重要なポイントなのだ。

おわりに

親愛なる読者のみなさん、あなたがたに伝えたいことがたくさんある。なかでもいちばん伝えたいのは、たとえ体重があなたの希望の数字より多いからといって、あなたの体に何か問題があるわけではないということだ。

あなたの体にはとても強い生存本能が備わっている。たしかに、その本能が現在の社会規範や理想の美と衝突することもあるかもしれない。だが、それはあなたやあなたの体の過ちではない。体はあなたを求めていて、あなたは体と健康的でポジティブな関係を保つ必要がある。自分の体を受け入れ、慈しむことを学び、愛情を与えることが大切だ。

そうすれば、体からのごほうびがたっぷりと返ってくるだろう。

私たちはいまの体を、別の新しい体と交換することなどできない。それなら、いまの体と一緒に生きると決め、これまで以上に深く理解することが必要だろう。

体が発するシグナルに耳を傾ければ、体は変化し、健康的になり、そして最終的にはあなたにとって違和感のないバランスのよい体を手にするすばらしいチャンスが生まれる。

たとえ、スリムな体をしていないだめな人間だと、四六時中まわりから非難の目を向けられてきたとしても、これからは自分自身を好きになってほしい。人を身体的な特徴で判断するなど、不合理極まりない話だ。「あの人はサンタクロースみたいなお腹をしているから、のんきな性格だろう」などと人を見た目で決めつけてはならない。

このことは、あなたにもあてはまる。体の特徴から自分自身を判断するのはもうやめてほしい。

あなたはおそらく、肥満の原因は自分の性格のせいだと思っているだろう。無気力だったり食欲が抑えられなかったせいだと。

しかし、本書を読んだことで、体重に影響を及ぼす根本的な要因に、あなたは部分的にしか影響を与えられないとわかってもらえたのではないだろうか。あなたは過去にさまざまな苦難やストレスを味わっていて、今日においてもその状況が続いている可能性が高い。つまり、**あなたの体は自分自身を守ろうとしているだけ**なのだ。

体に備わるデリケートな仕組みは、古きストラディバリウスのごとき繊細さを彷彿とさせる。しかしその体が、多かれ少なかれハードロックやライブコンサートのような外部からの甲高いノイズにつねにさらされているのは残念だ。これは、生物学と環境のミスマッチであり、こうした状況から不均衡が生まれるのも当然のことだろう。

私たちの生きる環境が、どのように道を踏みはずしたかを示す顕著な例は、スーパージャンクフードの侵入である。これは多くの点で、資本主義の最悪な部分を表している。なぜ社会は、過剰消費を促す不健康の塊であるスーパージャンクフードに乗っ取られてしまったのだろうか。その答えはファストフードやコンビニエンスチェーン、清涼飲料そのほか名だたる食品産業メーカーのオーナーたちにゆだねたいと思う。有意義な議論に発展することを期待したい。

子どもの体はこうした製品にとくに敏感である。子ども時代というのは、生活習慣や味の好みの基礎が築かれる時期だからだ。

そしてこの頃は、大人になってからも引き継がれる脂肪細胞の数も決定される。肥満の問題は一朝一夕で簡単に解決できるものではない。

同じことは政治家にもあてはまる。

何十年ものあいだ、政治家たちは一流の専門家から肥満の問題を真剣に考えるよう求められていたが、何も行動してこなかった。国はチーズスライサーのようにいつも学校や介護、看護に予算を削っているが、肥満問題にかかる年間700億クローナ［約9200億円］にものぼる社会的コストには目をつぶっている。比較すると、防衛費は約430億クローナ［約5600億円］、医療費は約1500億クローナ［約2兆円］である。私自身も予防対策の呼びかけに携わってきたが、経済的に脆弱な社会層への支援に関しては、実証研究に基づいた一連の対策のアイデアももっている。

所管の大臣に何度か連絡をとったこともあった。誠意ある反応が返ってきたことはない。だが、私たち研究者の戦いはこれからだ。すべての子どもたちがバランスのとれた生活を送れるよう取り組みつづけようと思う。

健康的な選択肢はわかりやすくあるべきで、正しいことをするのは簡単であるべきだ。とくに、社会階層のピラミッドの頂点とは無縁の場所で暮らしている子どもや家族のために、私たちは正しい行いをしなければならない。

読者のみなさんが、人生と社会において積極的な役割をはたすことを応援したい。たとえば、ジャンクフードを買わない、国民の代表者に問題を訴えるといった行動に打って出てほしい。そうした行動は、最終的に私たちの子孫の健康と幸福に大きな影響を与えるだろう。

単刀直入にいえば、巨大な食品業界に自主規制は期待できない。だが、十分な数の人が反旗をひるがえせば、何らかの動きを起こすことはできるはずだ。アメリカでは、人口の75~80%が肥満である。私たちはこのような目をそらしたくなる状況に甘んじているわけではない。

それに、そのような状況に陥った原因はほぼ明らかだ。底なしの階級格差と、安価で市場競争の激しいジャンクフードに支配される食品の供給システム。それこそが諸悪の根源だ。

あなたには、あなたの生活習慣と体重がある。これからあなたが何をするにしても、それはあなたが望んだからであって、周囲の人間の目や期待からではなく、ましてや自分に満足できないからという理由からではない。

あなたと同じ人間はほかにいないし、あなたにはあなたにしかない能力と才能がある。あなただけが進むべき道を見つけてほしい。時間をかければ、おのずと道は開けるだろう。

大切なのは、日常生活で活かせる戦略を見つけることだ。永続的な変化は、内面から始まる。あなたは今、自分を深く理解しているはずだ。体の働き、生活歴、体が求めるもの、そしてあなた自身の欲求。こうしたことを理解するのが、体に変化を与えるための重要な土台である。

ひとつだけ伝えたいことがある。生涯をかけてやせようとしないでほしい。体重との付き合い方には、もっといい方法、そしてもっと楽しい方法があるのだから。

謝辞

かつてヨアンナと私は、フディングゲ病院の肥満病棟で論文を共同執筆したことがある。大がかりな研究を始めるにあたって、内分泌クリニックからもっとも優秀で人間的にもすぐれた医師を迎える必要があった。人選は簡単だった。よくいわれるとおり、その正しさは歴史が証明してくれた。あなたと一緒に過ごした年月を通じて、あなたの肥満分野に関する知識と洞察力、豊富な臨床観察、診察の基本として人に目を向けるあなたの姿勢に、私はこのうえない喜びを感じた。本書の内容に対するあなたの視点、そして執筆の時間と自由を私に与えてくれたこしに、計りしれない恩恵を受けた。ヨアンナに感謝したい。

フィリッパ・ユールに感謝する。あなたの豊富な知識、賢明な発想、食と健康に対する誠実な取り組みに私はずっし助けられてきた。とくに7章はそのたまものだ。

すばらしい編集者であるセシリア・ヴィクルンドに感謝の気持ちを伝えたい。彼の独創的なアイデアと賢明な思考によって、このプロジェクトが始まった。休暇の真っ最中だった私がどう説得され、本書を執筆する羽目になったのかはいまも謎ではあるが、何かが正しいと感じるときは、決断も簡単である。なぜかあなたは、この文章を私から引き出す必要があるとつねに考えていたようだ。その見立てに間違いはなかった。

いつもポジティブで建設的な編集者、リニーエ・フォン・スヴァイヴァーリにも感謝したい。彼は一介の研究者である私に、多くの人々に向けてわかりやすい方法でこの本を書かせるという挑戦的な仕事をやってのけた。あなたの鋭く賢い鉛筆はかけがえのないものだった。

すばらしいレイアウトを提供してくれたデザイナー、エヴァ・リンドヴァーリにも感謝する。あなたは私の原稿を一冊の本に変えてくれた。

出版社のボニエールファクタのみなさんに感謝したい。本書を多くの読者に届けるためにご苦労いただいた方々、とくにソフィア・ヘリーンとマグダレーナ・ヘーグルンドに感謝申し上げたい。

研究所およびクリニックのすばらしい同僚たち、そして私の20年間に及ぶ、カロリンスカ研究所とカロリンスカ研究所附属大学病院での肥満に関する研究生活で一緒に学んだ、学部と大学院の学生たちに感謝したい。

そして、本書を手に取ってくれたすべてのみなさんに、心からお礼を言いたい。

8章 「リバウンド」をなくす

Elfhag K, Rossner S. *Who succeeds in maintaining weight loss? A conceptual review of factors associated with weight loss maintenance and weight regain*. Obes Rev 2005;6(1):67-85.

Epel E, Daubenmier J, Moskowitz JT, Folkman S, Blackburn E. *Can meditation slow rate of cellular aging? Cognitive stress, mindfulness, and telomeres*. Ann N Y Acad Sci. 2009 Aug;1172:34-53.

Gloria CT, Steinhardt MA. *Relationships Among Positive Emotions, Coping, Resilience and Mental Health*. Stress Health. 2016;32(2):145-56.

Hemmingsson E. *A new model of the role of psychological and emotional distress in promoting obesity: conceptual review with implications for treatment and prevention*. Obes Rev. 2014 Sep;15(9):769-79.

Incollingo Belsky AC, Epel ES, Tomiyama AJ. *Clues to maintaining calorie restriction? Psychosocial profiles of successful long-term restrictors*. Appetite. 2014 Aug;79:106-12.

Klika JD, Herrenkohl TI. *A review of developmental research on resilience in maltreated children*. Trauma, violence & abuse 2013;14(3):222-34.

Leehr EJ, Krohmer K, Schag K, Dresler T, Zipfel S, Giel KE. *Emotion regulation model in binge eating disorder and obesity-a systematic review*. Neurosci Biobehav Rev. 2015 Feb;49:125-34.

Mantzios M, Wilson JC. Mindfulness, *Eating Behaviours, and Obesity: A Review and Reflection on Current Findings*. Curr Obes Rep. 2015 Mar;4(1):141-6.

Masih T, Dimmock JA, Epel ES, Guelfi KJ. *Stress-induced eating and the relaxation response as a potential antidote: A review and hypothesis*. Appetite. 2017 Nov 1;118:136-143.

Mason AE, Epel ES, Aschbacher K, Lustig RH, Acree M, Kristeller J et al. *Reduced reward-driven eating accounts for the impact of a mindfulness-based diet and exercise intervention on weight loss: Data from the SHINE randomized controlled trial*. Appetite. 2016 May 1;100:86-93.

Melby CL, Paris HL, Foright RM, Peth J. *Attenuating the Biologic Drive for Weight Regain Following Weight Loss: Must What Goes Down Always Go Back Up?* Nutrients. 2017 May 6;9(5).

Pollan M. *In defense of food. An eater's manifesto*. Penguin books, 2009. マイケル・ポーラン『ヘルシーな加工食品はかなりヤバい―本当に安全なのは「自然のままの食品」だ』高井由紀子訳，青志社，2009

Power TG, Olivera YA, Hill RA, Beck AD, Hopwood V, Garcia KS, Ramos GG, Fisher JO, O'Connor TM, Hughes SO. *Emotion regulation strategies and childhood obesity in high risk preschoolers*. Appetite. 2016 Dec 1;107:623-627.

Schwingshackl L, Schwedhelm C, Hoffmann G, Lampousi AM, Knüppel S, Iqbal K, Bechthold A, Schlesinger S, Boeing H. *Food groups and risk of all-cause mortality: a systematic review and meta-ana lysis of prospective studies*. Am J Clin Nutr. 2017 Jun;105(6):1462-1473.

van der Werff SJ, van den Berg SM, Pannekoek JN, Elzinga BM, van der Wee NJ. *Neuroimaging resilience to stress: a review*. Frontiers in behavioral neuroscience 2013;7:39.

Juul F, Hemmingsson E. *Trends in consumption of ultra-processed foods and obesity in Sweden between 1960 and 2010.* Public Health Nutr. 2015 Dec;18(17):3096-107.

Juul F, Martinez-Steele E, Parekh N, Monteiro CA, Chang VW. *Ultra-processed food consumption and excess weight among US adults.* Br J Nutr. 2018 Jul;120(1):90-100.

Koplan JP, Brownell KD. *Response of the food and beverage industry to the obesity threat.* JAMA. 2010 Oct 6;304(13):1487-8.

Louzada ML, Martins AP, Canella DS, et al. *Impact of ultra-processed foods on micronutrient content in the Brazilian diet.* Rev Saude Publica. 2015;49:45.

Lustig RH. *Processed Food-An Experiment That Failed.* JAMA Pediatr. 2017;171(3):212-214.

Martinez Steele E, Baraldi LG, Louzada ML, Moubarac JC, Mozaffarian D, Monteiro CA. *Ultra-processed foods and added sugars in the US diet: evidence from a nationally representative cross-sectional study.* BMJ Open. 2016;6(3):e009892.

Martinez Steele E, Popkin BM, Swinburn B, Monteiro CA. *The share of ultra-processed foods and the overall nutritional quality of diets in the US: evidence from a nationally representative cross-sectional study.* Popul Health Metr. 2017;15(1):6.

Monteiro C. *The big issue is ultra-processing.* [Commentary] World Nutrition, November 2010; 1, 6: 237-269.

Monteiro CA, Moubarac JC, Cannon G, Ng SW, Popkin B. *Ultra-processed products are becoming dominant in the global food system.* Obes Rev. 2013;14 Suppl 2:21-28.

Moubarac JC, Parra DC, Cannon G, Monteiro CA. *Food Classification Systems Based on Food Processing: Significance and Implications for Policies and Actions: A Systematic Literature Review and Assessment.* Curr Obes Rep. 2014;3(2):256-272.

Moubarac JC, Batal M, Louzada ML, Martinez Steele E, Monteiro CA. *Consumption of ultra-processed foods predicts diet quality in Canada.* Appetite. 2017;108:512-520.

Oginsky MF, Goforth PB, Nobile CW, Lopez-Santiago LF, Ferrario CR. *Eating 'Junk-Food' Produces Rapid and Long-Lasting Increases in NAc CP-AMPA Receptors: Implications for Enhanced Cue-Induced Motivation and Food Addiction.* Neuropsychopharmacology. 2016;41(13):2977-86.

Pollan M. *In defense of food. An eater's manifesto.* Penguin books, 2009. マイケル・ポーラン『ヘルシーな加工食品はかなりヤバい—本当に安全なのは「自然のままの食品」だ』高井由紀子訳，青志社，2009

Poti JM, Braga B, Qin B. *Ultra-processed Food Intake and Obesity: What Really Matters for Health-Processing or Nutrient Content?* Curr Obes Rep. 2017;6(4):420-431.

Sanmiguel C, Gupta A, Mayer EA. *Gut Microbiome and Obesity: A Plausible Explanation for Obesity.* Curr Obes Rep. 2015 Jun;4(2):250-61.

Volkow ND, Wise RA, Baler R. *The dopamine motive system: implications for drug and food addiction.* Nat Rev Neurosci. 2017 Nov 16;18(12):741-752.

Zinocker MK, Lindseth IA. *The Western Diet-Microbiome-Host Interaction and Its Role in Metabolic Disease.* Nutrients. 2018;10(3).

6章 「重圧」をはね返す

Agerstrom J, Rooth DO. *The role of automatic obesity stereotypes in real hiring discrimination*. J Appl Psychol 2011;96(4):790-805.

Brewis AA. *Stigma and the perpetuation of obesity*. Soc Sci Med. 2014 Oct;118:152-8.

Deydier G. *On ne nait pas grosse*. Éditions Goutte d'Or, 2017.

Hansson LM, Karnehed N, Tynelius P, Rasmussen F. *Prejudice against obesity among 10-year-olds: a nationwide population-based study*. Acta Paediatr 2009;98(7):1176-82.

Kahan S, Puhl RM. *The damaging effects of weight bias internalization*. Obesity (Silver Spring). 2017 Feb;25(2):280-281.

Myers A, Rosen JC. *Obesity stigmatization and coping: relation to mental health symptoms, body image, and self-esteem*. Int J Obes Relat Metab Disord 1999;23(3):221-30.

Phelan SM, Burgess DJ, Yeazel MW, Hellerstedt WL, Griffin JM, van Ryn M. *Impact of weight bias and stigma on quality of care and outcomes for patients with obesity*. Obes Rev. 2015 Apr;16(4):319-26.

Puhl RM, Brownell KD. *Confronting and coping with weight stigma: an investigation of overweight and obese adults*. Obesity (Silver Spring). 2006 Oct;14(10):1802-15.

Puhl RM, Heuer CA. Obesity stigma: important considerations for public health. Am J Public Health. 2010 Jun;100(6):1019-28.

O'Brien KS, Latner JD, Ebneter D, Hunter JA. *Obesity discrimination: the role of physical appearance, personal ideology, and anti-fat prejudice*. Int J Obes (Lond) 2013;37(3):455-60.

Schvey NA, Puhl RM, Brownell KD. *The stress of stigma: exploring the effect of weight stigma on cortisol reactivity*. Psychosom Med. 2014 Feb;76(2):156-62.

Schwartz MB, Chambliss HO, Brownell KD, Blair SN, Billington C. *Weight bias among health professionals specializing in obesity*. Obes Res 2003;11(9):1033-9.

Tomiyama AJ. *Weight stigma is stressful. A review of evidence for the Cyclic Obesity/ Weight-Based Stigma model*. Appetite. 2014 Nov;82:8-15.

Tomiyama AJ, Epel ES, McClatchey TM, Poelke G, Kemeny ME, McCoy SK, Daubenmier J. *Associations of weight stigma with cortisol and oxidative stress independent of adiposity*. Health Psychol. 2014 Aug;33(8):862-7.

7章 「スーパージャンクフード」はものすごく悪い

Cox AJ, West NP, Cripps AW. *Obesity, inflammation, and the gut microbiota*. Lancet Diabetes Endocrinol. 2015 Mar;3(3):207-15.

Fardet A. *Minimally processed foods are more satiating and less hyperglycemic than ultra-processed foods: a preliminary study with 98 ready-to-eat foods*. Food Funct. 2016;7(5):2338-2346.

Fardet A, Rock E, Bassama J, et al. *Current food classifications in epidemiological studies do not enable solid nutritional recommendations for preventing diet-related chronic diseases: the impact of food processing*. Adv Nutr. 2015;6(6):629-638.

Elfhag K, Morey LC. *Personality traits and eating behavior in the obese: poor self-control in emotional and external eating but personality assets in restrained eating.* Eat Behav. 2008 Aug;9(3):285-93.

Felitti VJ, Anda RF, Nordenberg D, Williamson DF, Spitz AM, Edwards V, et al. *Relationship of childhood abuse and household dysfunction to many of the leading causes of death in adults.* The Adverse Childhood Experiences (ACE) Study. Am J Prev Med. 1998;14(4):245-58.

Flint AJ, Gearhardt AN, Corbin WR, Brownell KD, Field AE, Rimm EB. *Food-addiction scale measurement in 2 cohorts of middle-aged and older women.* Am J Clin Nutr. 2014 Mar;99(3):578-86.

Gearhardt AN, Yokum S, Stice E, Harris JL, Brownell KD. *Relation of obesity to neural activation in response to food commercials.* Soc Cogn Affect Neurosci. 2014 Jul;9(7):932-8.

Griffiths LJ, Parsons TJ, Hill AJ. *Self-esteem and quality of life in obese children and adolescents: a systematic review.* Int J Pediatr Obes. 2010 Aug;5(4):282-304.

Guyenet SJ, Schwartz MW. *Clinical review: Regulation of food intake, energy balance, and body fat mass: implications for the pathogenesis and treatment of obesity.* J Clin Endocrinol Metab. 2012 Mar;97(3):745-55.

Hemmingsson E. *A new model of the role of psychological and emotional distress in promoting obesity: conceptual review with implications for treatment and prevention.* Obes Rev. 2014 Sep;15(9):769-79.

Hemmingsson E, Johansson K, Reynisdottir S. *Effects of childhood abuse on adult obesity: a systematic review and meta-analysis.* Obes Rev. 2014 Nov;15(11):882-93.

Henize AW, Beck AF, Klein MD, Adams M, Kahn RS. *A Road Map to Address the Social Determinants of Health Through Community Collaboration. Pediatrics.* 2015 Oct;136(4):E993-1001.

Sinha R, Jastreboff AM. *Stress as a common risk factor for obesity and addiction.* Biol Psychiatry. 2013 May 1;73(9):827-35.

van Lenthe FJ, Jansen T, Kamphuis CB. *Understanding socio-economic inequalities in food choice behaviour: can Maslow's pyramid help?* Br J Nutr. 2015 Apr 14;113(7):1139-47.

Volkow ND, Wang GJ, Tomasi D, Baler RD. *Obesity and addiction: neurobiological overlaps.* Obes Rev. 2013 Jan;14(1):2-18.

Wang F, Veugelers PJ. *Self-esteem and cognitive development in the era of the childhood obesity epidemic.* Obes Rev 2008;9(6):615-23.

Wang F, Wild TC, Kipp W, Kuhle S, Veugelers PJ. *The influence of childhood obesity on the development of self-esteem.* Health reports 2009;20(2):21-7.

Wiedmer P, Nogueiras R, Broglio F, D'Alessio D, Tschöp MH. *Ghrelin, obesity and diabetes.* Nat Clin Pract Endocrinol Metab. 2007 Oct;3(10):705-12.

Wolf OT, Schulte J, Drimalla H, Hamacher-Dang TC, Knoch D, Dziobek I. *Enhanced emotional empathy after psychosocial stress in young healthy men.* Stress. 2015;18(6):631-7.

Sorensen TI. *Childhood maltreatment and obesity*. Obesity (Silver Spring). 2015;23(8):1528.

Raspopow K, Abizaid A, Matheson K, Anisman H. *Anticipation of a psychosocial stressor differentially influences ghrelin, cortisol and food intake among emotional and non-emotional eaters*. Appetite 2014;74:35-43.

Siervo M, Wells JC, Cizza G. *The contribution of psychosocial stress to the obesity epidemic: an evolutionary approach*. Horm Metab Res 2009;41(4):261-70.

Stamatakis E, Wardle J, Cole TJ. *Childhood obesity and overweight prevalence trends in England: evidence for growing socioeconomic disparities*. Int J Obes (Lond). 2010;34(1):41-7.

Stefanaki C, Pervanidou P, Boschiero D, Chrousos GP. *Chronic stress and body composition disorders: implications for health and disease*. Hormones (Athens). 2018 Mar;17(1):33-43.

Tomiyama AJ, Schamarek I, Lustig RH, Kirschbaum C, Puterman E, Havel PJ, Epel ES. *Leptin concentrations in response to acute stress predict subsequent intake of comfort foods*. Physiol Behav. 2012 Aug 20;107(1):34-9.

Tomiyama AJ, Dallman MF, Epel ES. *Comfort food is comforting to those most stressed: evidence of the chronic stress response network in high stress women*. Psychoneuroendocrinology 2011;36(10):1513-9.

Tryon MS, DeCant R, Laugero KD. *Having your cake and eating it too: a habit of comfort food may link chronic social stress exposure and acute stress-induced cortisol hyporesponsiveness*. Physiol Behav. 2013;114-115:32-7.

Tryon MS, Stanhope KL, Epel ES, Mason AE, Brown R, Medici V, Havel PJ, Laugero KD. *Excessive Sugar Consumption May Be a Difficult Habit to Break: A View From the Brain and Body*. J Clin Endocrinol Metab. 2015 Jun;100(6):2239-47.

van der Valk ES, Savas M, van Rossum EFC. *Stress and Obesity: Are There More Susceptible Individuals?* Curr Obes Rep. 2018 Jun;7(2):193-203.

Vandewalle J, Moens E, Braet C. *Comprehending emotional eating in obese youngsters: the role of parental rejection and emotion regulation*. Int J Obes (Lond). 2014 Apr;38(4):525-30.

Uddén J, Björntorp P, Arner P, Barkeling B, Meurling L, Rössner S. *Effects of glucocorticoids on leptin levels and eating behaviour in women*. J Intern Med. 2003 Feb;253(2):225-31.

Ward ZJ, Long MW, Resch SC, Giles CM, Cradock AL, Gortmaker SL. *Simulation of Growth Trajectories of Childhood Obesity into Adulthood*. N Engl J Med. 2017;377(22):2145-53.

Widarsson M, Engstrom G, Rosenblad A, Kerstis B, Edlund B, Lundberg P. *Parental stress in early parenthood among mothers and fathers in Sweden*. Scandinavian journal of caring sciences 2013;27(4):839-47.

5章　「サイン」をしっかりつかむ

Adam TC, Epel ES. *Stress, eating and the reward system*. Physiol Behav. 2007 Jul 24;91(4):449-58.

Devoto F, Zapparoli L, Bonandrini R, Berlingeri M, Ferrulli A, Luzi L, Banfi G, Paulesu E. *Hungry Brains: A Meta-Analytical Review of Brain Activation Imaging Studies On Food Perception and Appetite in Obese Individuals*. Neurosci Biobehav Rev. 2018 Jul 30.

Incollingo Rodriguez AC, Epel ES, White ML, Standen EC, Seckl JR, Tomiyama AJ. *Hypothalamic-pituitary-adrenal axis dysregulation and cortisol activity in obesity: A systematic review*. Psychoneuroendocrinology. 2015 Dec;62:301-18.

Jaremka LM, Belury MA, Andridge RR, Malarkey WB, Glaser R, Christian L, et al. *Interpersonal stressors predict ghrelin and leptin levels in women*. Psychoneuroendocrinology. 2014;48:178-88.

Jones-Mason KM, Coccia M, Grover S, Epel ES, Bush NR. *Basal and reactivity levels of cortisol in one-month-old infants born to overweight or obese mothers from an ethnically and racially diverse, low-income community sample*. Psychoneuroendocrinology. 2018 Feb;88:115-120.

Juul F, Hemmingsson E. *Trends in consumption of ultra-processed foods and obesity in Sweden between 1960 and 2010*. Public Health Nutr. 2015 Dec;18(17):3096-107.

Kajantie E. *Fetal origins of stress-related adult disease*. Ann N Y Acad Sci. 2006 Nov;1083 : 11-27.

Kark M, Rasmussen F. *Growing social inequalities in the occurrence of overweight and obesity among young men in Sweden*. Scand J Public Health 2005;33(6):472-7.

Katz DA, Sprang G, Cooke C. *The cost of chronic stress in childhood: understanding and applying the concept of allostatic load*. Psychodyn Psychiatry. 2012 Sep;40(3):469-80.

Kenny PJ. *Common cellular and molecular mechanisms in obesity and drug addiction*. Nat Rev Neurosci. 2011;12(11):638-51.

Lissau I, Sorensen TI. *Parental neglect during childhood and increased risk of obesity in young adulthood*. Lancet. 1994;343(8893):324-7.

Luppino FS, de Wit LM, Bouvy PF, Stijnen T, Cuijpers P, Penninx BW, et al. *Overweight, obesity, and depression: a systematic review and meta-analysis of longitudinal studies*. Arch Gen Psychiatry. 2010;67(3):220-9.

Magnusson M, Sorensen TI, Olafsdottir S, Lehtinen-Jacks S, Holmen TL, Heitmann BL, et al. *Social Inequalities in Obesity Persist in the Nordic Region Despite Its Relative Affluence and Equity*. Curr Obes Rep. 2014;3:1-15.

Marmot M. *Social determinants of health inequalities*. Lancet. 2005;365(9464):1099-104.

Mason AE, Schleicher S, Coccia M, Epel ES, Aschbacher K. *Chronic Stress and Impulsive Risk-Taking Predict Increases in Visceral Fat over 18 Months*. Obesity (Silver Spring). 2018 May;26(5):869-876.

Matthews EK, Wei J, Cunningham SA. *Relationship between prenatal growth, postnatal growth and childhood obesity: a review*. Eur J Clin Nutr. 2017;71(8):919-30.

Nedeltcheva AV, Scheer FA. *Metabolic effects of sleep disruption, links to obesity and diabetes*. Curr Opin Endocrinol Diabetes Obes. 2014 Aug;21(4):293-8.

Needham BL, Epel ES, Adler NE, Kiefe C. *Trajectories of change in obesity and symptoms of depression: the CARDIA study*. Am J Public Health. 2010 Jun;100(6):1040-6.

Offer A, Pechey R, Ulijaszek S. *Obesity under affluence varies by welfare regimes: The effect of fast food, insecurity, and inequality*. Economics & Human Biology 2010;8(3):297-308.

Mol Psychiatry. 2014;19(5):544-54.

Dreber H, Reynisdottir S, Angelin B, Tynelius P, Rasmussen F, Hemmingsson E. *Mental distress in treatment seeking young adults (18–25 years) with severe obesity compared with population controls of different body mass index levels: cohort study.* Clin Obes. 2017 Feb;7(1):1-10.

Ekelund U, Besson H, Luan J, May AM, Sharp SJ, Brage S, et al. *Physical activity and gain in abdominal adiposity and body weight: prospective cohort study in 288,498* men and women. Am J Clin Nutr 2011;93(4):826-35.

Elfhag K, Tynelius P, Rasmussen F. *Family links of eating behaviour in normal weight and overweight children.* Int J Pediatr Obes. 2010 Dec;5(6):491-500.

Felitti VJ. *Childhood sexual abuse, depression, and family dysfunction in adult obese patients: a case control study.* South Med J 1993;86(7):732-6.

Gallo LC, Matthews KA. *Do negative emotions mediate the association between socioeconomic status and health?* Ann N Y Acad Sci. 1999;896:226-45.

Gariepy G, Nitka D, Schmitz N. *The association between obesity and anxiety disorders in the population: a systematic review and meta-analysis.* Int J Obes (Lond). 2010;34(3):407-19.

Geiker NRW, Astrup A, Hjorth MF, Sjödin A, Pijls L, Markus CR. *Does stress influence sleep patterns, food intake, weight gain, abdominal obesity and weight loss interventions and vice versa?* Obes Rev. 2018 Jan;19(1):81-97.

Gibbs BG, Forste R. *Socioeconomic status, infant feeding practices and early childhood obesity.* Pediatr Obes. 2014 Apr;9(2):135-46.

Gingras V, Hivert MF, Oken E. *Early-Life Exposures and Risk of Diabetes Mellitus and Obesity.* Curr Diab Rep. 2018 Aug 29;18(10):89.

Groesz LM, McCoy S, Carl J, Saslow L, Stewart J, Adler N, Laraia B, Epel E. *What is eating you? Stress and the drive to eat.* Appetite. 2012 Apr;58(2):717-21.

Haushofer J, Fehr E. *On the psychology of poverty.* Science. 2014;344(6186):862-7.

Heim C, Newport DJ, Bonsall R, Miller AH, Nemeroff CB. *Altered pituitary-adrenal axis responses to provocative challenge tests in adult survivors of childhood abuse.* Am J Psychiatry. 2001 Apr;158(4):575-81.

Hemmingsson E. *Early Childhood Obesity Risk Factors: Socioeconomic Adversity, Family Dysfunction, Offspring Distress, and Junk Food Self-Medication.* Curr Obes Rep. 2018 Jun;7(2):204-209.

Hemmingsson E. *A new model of the role of psychological and emotional distress in promoting obesity: conceptual review with implications for treatment and prevention.* Obes Rev. 2014 Sep;15(9):769-79.

Hemmingsson E, Johansson K, Reynisdottir S. *Effects of childhood abuse on adult obesity: a systematic review and meta-analysis.* Obes Rev. 2014 Nov;15(11):882-93.

Hohwu L, Li J, Olsen J, Sorensen TI, Obel C. *Severe maternal stress exposure due to bereavement before, during and after pregnancy and risk of overweight and obesity in young adult men: a Danish National Cohort Study.* PLoS One. 2014;9(5):e97490.

Tremblay A. *Dietary fat and body weight set point*. Nutr Rev. 2004 Jul;62(7 Pt 2):S75-7.

Wiedmer P, Nogueiras R, Broglio F, D'Alessio D, Tschöp MH. *Ghrelin, obesity and diabetes*. Nat Clin Pract Endocrinol Metab. 2007 Oct;3(10):705-12.

Yu YH, Vasselli JR, Zhang Y, Mechanick JI, Korner J, Peterli R. *Metabolic vs. hedonic obesity: a conceptual distinction and its clinical implications*. Obes Rev. 2015 Mar;16(3):234-47.

４章　「根本」を解決する

Aparicio E, Canals J, Arija V, De Henauw S, Michels N. *The role of emotion regulation in childhood obesity: implications for prevention and treatment*. Nutr Res Rev. 2016 Jun;29(1):17-29.

Aschbacher K, Kornfeld S, Picard M, Puterman E, Havel PJ, Stanhope K, Lustig RH, Epel E. *Chronic stress increases vulnerability to diet-related abdominal fat, oxidative stress, and metabolic risk*. Psychoneuroendocrinology. 2014 Aug;46:14-22.

Bates CR, Buscemi J, Nicholson LM, Cory M, Jagpal A, Bohnert AM. *Links between the organization of the family home environment and child obesity: a systematic review*. Obes Rev. 2018May;19(5):716-727.

Björntorp P. *Do stress reactions cause abdominal obesity and comorbidities?* Obes Rev 2001;2(2):73-86.

Björntorp P, Rössner S, Uddén J. *Consolatory eating« is not a myth. Stress-induced increased cortisol levels result in leptin-resistant obesity*. Läkartidningen. 2001 Nov 28;98(48):5458-61.

Blair C, Raver CC. *Child development in the context of adversity: experiential canalization of brain and behavior*. Am Psychol. 2012;67(4):309-18.

Chung A, Backholer K, Wong E, Palermo C, Keating C, Peeters A. *Trends in child and adolescent obesity prevalence in economically advanced countries according to socioeconomic position: a systematic review*. Obes Rev. 2016;17(3):276-95.

Cunningham SA, Kramer MR, Narayan KM. *Incidence of childhood obesity in the United States*. N Engl J Med. 2014 Jan 30;370(5):403-11.

Cunningham SA, Datar A, Narayan KMV, Kramer MR. *Entrenched obesity in childhood: findings from a national cohort study*. Ann Epidemiol. 2017;27(7):435-41.

Dallman MF. *Stress-induced obesity and the emotional nervous system*. Trends in endocrinology and metabolism: TEM 2010;21(3):159-65.

Dallman MF, Pecoraro NC, la Fleur SE. *Chronic stress and comfort foods: self-medication and abdominal obesity*. Brain Behav Immun. 2005;19(4):275-80.

Danese A, Baldwin JR. *Hidden Wounds? Inflammatory Links Between Childhood Trauma and Psychopathology*. Annu Rev Psychol. 2017;68:517-44.

Danese A, Dove R, Belsky DW, Henchy J, Williams B, Ambler A, Arseneault L. *Leptin deficiency in maltreated children*. Transl Psychiatry. 2014 Sep 23;4:e446.

Danese A, McEwen BS. *Adverse childhood experiences, allostasis, allostatic load, and age-related disease*. Physiol Behav. 2012 Apr 12;106(1):29-39.

Danese A, Tan M. *Childhood maltreatment and obesity: systematic review and meta-analysis*.

body phenotypes. Nat Rev Endocrinol. 2015 Feb;11(2):90-100.

Lecoutre S, Petrus P, Rydén M, Breton C. *Transgenerational Epigenetic Mechanisms in Adipose Tissue Development*. Trends Endocrinol Metab. 2018 Oct;29(10):675-685.

Mraz M, Haluzik M. *The role of adipose tissue immune cells in obesity and low-grade inflammation*. J Endocrinol. 2014 Sep;222(3):R113-27.

Prado CM, Gonzalez MC, Heymsfield SB. *Body composition phenotypes and obesity paradox*. Curr Opin Clin Nutr Metab Care. 2015 Nov;18(6):535-51.

Reilly SM, Saltiel AR. *Adapting to obesity with adipose tissue inflammation*. Nat Rev Endocrinol. 2017 Nov;13(11):633-643.

Spalding KL, Arner E, Westermark PO, Bernard S, Buchholz BA, Bergmann O, Blomqvist L, Hoffstedt J, Näslund E, Britton T, Concha H, Hassan M, Rydén M, Frisén J, Arner P. *Dynamics of fat cell turnover in humans*. Nature. 2008 Jun 5;453(7196):783-7.

3章　体重は「セットポイント」に戻る

Bose M, Oliván B, Laferrère B. *Stress and obesity: the role of the hypothalamic-pituitary-adrenal axis in metabolic disease*. Curr Opin Endocrinol Diabetes Obes. 2009 16(5):340-6.

de Git KC, Adan RA. *Leptin resistance in diet-induced obesity: the role of hypothalamic inflammation*. Obes Rev. 2015 Mar;16(3):207-24.

Hall KD, Guo J. Obesity Energetics: *Body Weight Regulation and the Effects of Diet Composition*. Gastroenterology. 2017 May;152(7):1718-1727.

Hemmingsson E. *A new model of the role of psychological and emotional distress in promoting obesity: conceptual review with implications for treatment and prevention*. Obes Rev. 2014 Sep;15(9):769-79.

Keesey RE, Hirvonen MD. *Body weight set-points: determination and adjustment*. J Nutr 1997;127(9):1875S-83S.

Mani BK, Zigman JM. *Ghrelin as a Survival Hormone*. Trends Endocrinol Metab. 2017 Dec;28(12):843-854.

Melby CL, Paris HL, Foright RM, Peth J. *Attenuating the Biologic Drive for Weight Regain Following Weight Loss: Must What Goes Down Always Go Back Up?* Nutrients. 2017 May 6;9(5).

Myers MG Jr, Leibel RL, Seeley RJ, Schwartz MW. *Obesity and leptin resistance: distinguishing cause from effect*. Trends Endocrinol Metab. 2010 Nov;21(11):643-51.

Pasquet P, Apfelbaum M. *Recovery of initial body weight and composition after long-term massive overfeeding in men*. Am J Clin Nutr 1994;60(6):861-3.

Schwartz MW, Seeley RJ, Zeltser LM, Drewnowski A, Ravussin E, Redman LM, Leibel RL. Obesity Pathogenesis: *An Endocrine Society Scientific Statement*. Endocr Rev. 2017 Aug 1;38(4):267-296.

Speakman JR, Levitsky DA, Allison DB, Bray MS, de Castro J, Clegg D et al. *Set points, settling points and some alternative models: theoretical options to understand how genes and environments combine to regulate body adiposity*. Dis Model Mech. 2011 Nov;4(6):733-45.

Montani JP, Schutz Y, Dulloo AG. *Dieting and weight cycling as risk factors for cardiometabolic diseases: who is really at risk?* Obes Rev. 2015 Feb;16 Suppl 1:7-18.

Rosenbaum M, Leibel RL. *Models of energy homeostasis in response to maintenance of reduced body weight.* Obesity (Silver Spring). 2016 Aug;24(8):1620-9.

Rosenbaum M, Leibel RL. Adaptive thermogenesis in humans. Int J Obes (Lond). 2010 Oct;34 Suppl 1:S47-55.

Rosenbaum M, Hirsch J, Gallagher DA, Leibel RL. *Long-term persistence of adaptive thermogenesis in subjects who have maintained a reduced body weight.* Am J Clin Nutr. 2008 Oct;88(4):906-12.

Sánchez-Carracedo D, Neumark-Sztainer D, López-Guimerà G. *Integrated prevention of obesity and eating disorders: barriers, developments and opportunities.* Public Health Nutr. 2012 Dec;15(12):2295-309.

Spalding KL, Arner E, Westermark PO, Bernard S, Buchholz BA, Bergmann O, Blomqvist L, Hoffstedt J, Näslund E, Britton T, Concha H, Hassan M, Rydén M, Frisén J, Arner P. *Dynamics of fat cell turnover in humans.* Nature. 2008 Jun 5;453(7196):783-7.

Sumithran P, Prendergast LA, Delbridge E, Purcell K, Shulkes A, Kriketos A, Proietto J. *Long-term persistence of hormonal adaptations to weight loss.* N Engl J Med. 2011 Oct 27;365(17):1597-604.

Sumithran P, Proietto J. *The defence of body weight: a physiological basis for weight regain after weight loss.* Clin Sci (Lond). 2013 Feb;124(4):231-41.

Tremblay A, Chaput JP. *Obesity: the allostatic load of weight loss dieting.* Physiol Behav. 2012 Apr 12;106(1):16-21.

Tryon MS, Stanhope KL, Epel ES, Mason AE, Brown R, Medici V, Havel PJ, Laugero KD. *Excessive Sugar Consumption May Be a Difficult Habit to Break: A View From the Brain and Body.* J Clin Endocrinol Metab. 2015 Jun;100(6):2239-47.

2章　肥満には「種類」がある

Arner P, Spalding KL. *Fat cell turnover in humans.* Biochem Biophys Res Commun. 2010 May 21;396(1):101-4.

Batsis JA, Villareal DT. *Sarcopenic obesity in older adults: aetiology, epidemiology and treatment strategies.* Nat Rev Endocrinol. 2018 Sep;14(9):513-537.

Dulloo AG, Montani JP. *Body composition, inflammation and thermogenesis in pathways to obesity and the metabolic syndrome: an overview.* Obes Rev. 2012 Dec;13 Suppl 2:1-5.

Gluckman PD, Hanson MA. *Developmental and epigenetic pathways to obesity: an evolutionary-developmental perspective.* Int J Obes (Lond). 2008 Dec;32 Suppl 7:S62-71.

Hyvönen MT, Spalding KL. *Maintenance of white adipose tissue in man.* Int J Biochem Cell Biol. 2014 Nov;56:123-32.

Ibrahim MM. *Subcutaneous and visceral adipose tissue: structural and functional differences.* Obes Rev. 2010 Jan;11(1):11-8.

Karpe F, Pinnick KE. *Biology of upper-body and lower-body adipose tissue–link to whole-*

出典

1章　なぜダイエットは「失敗」する？

Brownell KD. *The humbling experience of treating obesity: Should we persist or desist?* Behav Res Ther. 2010 Aug;48(8):717-9.

Dulloo AG, Miles-Chan JL, Schutz Y. *Collateral fattening in body composition autoregulation: its determinants and significance for obesity predisposition.* Eur J Clin Nutr. 2018 May;72(5):657-664.

Ferrario CR, Labouèbe G, Liu S, Nieh EH, Routh VH, Xu S, O'Connor EC. *Homeostasis Meets Motivation in the Battle to Control Food Intake.* J Neurosci. 2016 Nov 9;36(45):11469-11481.

Fothergill E, Guo J, Howard L, Kerns JC, Knuth ND, Brychta R, Chen KY, Skarulis MC, Walter M, Walter PJ, Hall KD. *Persistent metabolic adaptation 6 years after "The Biggest Loser" competition.* Obesity (Silver Spring). 2016 Aug;24(8):1612-9.

Hintze LJ, Mahmoodianfard S, Auguste CB, Doucet É. *Weight Loss and Appetite Control in Women.* Curr Obes Rep. 2017 Sep;6(3):334-351.

Hyvönen MT, Spalding KL. *Maintenance of white adipose tissue in man.* Int J Biochem Cell Biol. 2014 Nov;56:123-32.

Johansson K, Neovius M, Hemmingsson E. *Effects of anti-obesity drugs, diet, and exercise on weightloss maintenance after a very-low-calorie diet or low-calorie diet: a systematic review and meta-analysis of randomized controlled trials.* Am J Clin Nutr. 2014 Jan;99(1):14 23.

Klem ML, Wing RR, McGuire MT, Seagle HM, Hill JO. Psychological symptoms in individuals successful at long-term maintenance of weight loss. Health Psychol. 1998 Jul;17(4):336-45.

Knowler WC, Fowler SE, Hamman RF, Christophi CA, Hoffman HJ, Brenneman AT, Brown-Friday JO, Goldberg R, Venditti E, Nathan DM. *10-year follow-up of diabetes incidence and weight loss in the Diabetes Prevention Program Outcomes Study.* Lancet. 2009 Nov 14;374(9702):1677-86.

MacLean PS, Blundell JE, Mennella JA, Batterham RL. *Biological control of appetite: A daunting complexity.* Obesity (Silver Spring). 2017 Mar;25 Suppl 1:S8-S16.

Mani BK, Zigman JM. *Ghrelin as a Survival Hormone.* Trends Endocrinol Metab. 2017 Dec;28(12):843-854.

Martin CK, Heilbronn LK, de Jonge L, DeLany JP, Volaufova J, Anton SD, Redman LM, Smith SR, Ravussin E. *Effect of calorie restriction on resting metabolic rate and spontaneous physical activity.* Obesity (Silver Spring). 2007 Dec;15(12):2964-73.

Mason C, Xiao L, Imayama I, Duggan CR, Campbell KL, Kong A, Wang CY, Alfano CM, Blackburn GL, Foster-Schubert KE, McTiernan A. *The effects of separate and combined dietary weight loss and exercise on fasting ghrelin concentrations in overweight and obese women: a randomized controlled trial.* Clin Endocrinol (Oxf). 2015 Mar;82(3):369-76.

Melby CL, Paris HL, Foright RM, Peth J. *Attenuating the Biologic Drive for Weight Regain Following Weight Loss: Must What Goes Down Always Go Back Up?* Nutrients. 2017 May 6;9(5).

【著者】

エリック・ヘミングソン（Erik Hemmingsson）

1973年生まれ。スウェーデンを代表する肥満研究者のひとり。ブリストル大学（イギリス）にて運動健康科学の博士号、カロリンスカ研究所（スウェーデン）での肥満研究で医学博士号をそれぞれ取得。2010年から2015年まで、カロリンスカ研究所附属大学病院の肥満センターにて研究グループ代表と代謝分野に関する講師（イギリスの准教授相当）を務めた。世界各地の学術会議に招かれ、肥満原因の社会的・心理的要因や、ストレス、精神疾患、体重管理について講演を行っている。現在は、ストックホルム体育大学（GIH）の研究員。

【訳者】

下倉亮一（したくら・りょういち）

千葉大学法経学部卒、信州大学大学院修了（経済学修士）。専門はスウェーデン経済史。共訳書に『スティーグ・ラーソン最後の事件』（ハーパーコリンズ・ジャパン）、『つけ狙う者』（扶桑社）がある。

減量の正解

2021年8月1日　初版印刷
2021年8月10日　初版発行

著　者　エリック・ヘミングソン
訳　者　下倉亮一
発行人　植木宣隆
発行所　株式会社サンマーク出版
〒169-0075 東京都新宿区高田馬場2-16-11
電話　03(5272)3166
印　刷　三松堂株式会社
製　本　株式会社若林製本工場

定価はカバー、帯に表示してあります。落丁、乱丁本はお取り替えいたします。
ISBN978-4-7631-3876-7　C0030
ホームページ　https://www.sunmark.co.jp